Lumbala Matuku I. Othniel

Le puissant témoignage du Sang de Jésus Christ

Lumbala Matuku I. Othniel

Le puissant témoignage du Sang de Jésus Christ

Le sang précieux qui parles mieux

Éditions Croix du Salut

Cover image: www.ingimage.com

Publisher:
Éditions Croix du Salut
is a trademark of
International Book Market Service Ltd., member of OmniScriptum Publishing Group
17 Meldrum Street, Beau Bassin 71504, Mauritius

Printed at: see last page
ISBN: 978-613-7-36612-7

DEDICACE

Nous dédions ce livre à notre Seigneur Jésus christ le seul et unique sauveur, ressuscité le troisième jour qui est monté et s'est assis à la droite du père de la majesté dans les lieux céleste.

J'exprime mes remerciements et appréciations à ma très chère épouse Narcya Matuku, ma fille Israëlla pour leur soutien et prières. Ma reconnaissance et sincères remerciements aussi à mon père spirituel ISRAËL Monga, à ma mère spirituelle ABIGAIL Monga, au pasteur ALAIN Ngoie, à ma très chère mère KALENDA MARCELINE que le Seigneur a reprise pour leur soutien et encadrement. Et mes remerciements à toute la communauté des Eglises Arche de la gloire de l'Eternel, à Donavan qui a travaillé pour la rédaction de cet ouvrage, à Dieu soit gloire au siècle de siècles.

PREFACE

Il y a mille et un livres écrits sur divers sujet chrétien de nos jours, mais il est rare d'en trouver qui parle sur le Sang de Jésus.

Ce petit livre est un agrégat et une compilation de révélations données par le Seigneur Jésus Christ sur « le Sang de Christ, l'Agneau de la rédemption au travers des plusieurs sermons durant tous le parcours de mon ministère aux pieds de mon père spirituel, l'évêque ISRAEL Monga qui m'a amené au Seigneur et qui a fait de moi disciple de Christ depuis 2001.

Ce livre est écrit sous l'inspiration du Saint –Esprit, après de fort moment de Prières intenses, consistantes, ferventes et persévérantes dans le but de faire connaitre et comprendre intelligemment d'une manière simple aux enfants de Dieu, que le sang de l'agneau immolé, JESUS CHRIST est le seul et l'unique moyen, cartouche ou arme puissante qui a pu, peut et pourra toujours racheter, sauver, délivrer, restaurer les vies ou les âmes des hommes de la loi du péché, de la mort, de maladies naturelles ou surnaturelles, des malédictions, des œuvres hostiles du Diable etc. et qui a pu et peut et pourra toujours ôter les péchés.

Je vous encourage à lire ce livre lentement et avec une attitude de méditation afin que vous saisissiez les vérités spirituelles qui seront des antidotes contre les ruses du diable et qui affranchirons toute votre vie. Et que chaque jour nous participons à l'aspersion du sang de Jésus Christ, car nous les avons vaincu à cause du sang de l'Agneau.

OTHNIEL Matuku

Tables de Matières

INTRODUCTION

1.1 LE SANG

La science définit le sang comme étant un liquide biologique très riche, capital et vital circulant dans le corps de l'être humain, chaque humain en possède environ 5 litres dans son corps. Ce précieux liquide coule et circule d'une manière inlassable dans les vaisseaux sanguins et le cœur, transportant les éléments nutritifs nécessaires au processus vitaux de tissus du corps et l'oxygène, ravitaillant ainsi le corps tout entier.

Déjà sur le plan physique, on peut dire que "le sang, c'est la vie" et si le celui-ci s'écoule abondamment hors du corps, alors c'est la mort à moins qu'on ne fasse rapidement une transfusion sanguine.

1.2 LE SANG SELON LA BIBLE

Bibliquement le sang est le siège même de la vie ou de l'âme.

Lévitique 17:11 ***« Car l'âme de la chair est dans le sang. Je vous l'ai donné sur l'autel, afin qu'il servît d'expiation pour vos âmes, car c'est par l'âme que le sang fait l'expiation. »***
Lévitique 17:14 «Car l'âme de toute chair, c'est son sang, qui est en elle. »

Dans la version Semeur et Jérusalem le mot âme est représenté par le mot vie, ainsi, la vie de toute chair est dans le sang et Le sang est donc la vie.
Ainsi Christ étant venu dans ce monde à fin que quiconque qui croit en lui ne périsse point mais qu'il ait la vie éternelle. Cette vie donnée par Christ siège dans son sang qu'il a versé pour l'humanité. De son vivant en versant son sang, c'était la vie (zoé) qu'il donnait pour nous qui croyons en lui.

1.3 TEMOIGNAGE DU SANG

Le témoignage est un rapport d'un ou plusieurs témoins sur un fait, il peut être écrit ou de vive voix. Sachant que celui qui témoigne est appelé témoin, capable de certifier une chose qu'il a vue et entendue, et aussi pouvant être appelé en justice pour certifier, raconter un fait où elle était présente. Le Sang de Christ est un témoin c'est à dire il témoigne, atteste, certifie et raconte des faits dont il était témoin.

Dans l'épitre du premier Jean 5 :7-8 le sang apparait parmi les trois qui rendent témoignage.

1 Jean 5 :7-8
« Car il y en a trois qui rendent témoignage:
L'Esprit, l'eau et le sang, et les trois sont d'accord. »

L'apôtre Jean évoque dans ce passage comment les trois éléments (esprit, eau et sang) rendent témoignage en étant d'accords. Mais pour notre part, nous nous focaliseront sur le sang qui témoigne.

Ainsi nous pouvons dire qu'il y a des choses que le sang témoigne. Et si le sang témoigne donc le sang parle, le sang a une voix, le sang a un message.
La bible le confirme dans les épitres générales aux hébreux en disant que le sang d'aspersion de notre seigneur Jésus Christ parle mieux que le sang d'Abel.

Hebreux12 :24 « De Jésus qui est le médiateur de la nouvelle alliance,
Et du sang de l'aspersion qui parle mieux que celui d'Abel. »

Le passage ci-dessus nous montre combien plus le sang de Jésus Christ parle mieux que celui d'Abel, car le sang d'Abel criait vengeance et Jugement.

⟹ La question que nous devrions nous poser est celle de savoir, quel est donc le témoignage que le Sang rend-t-il ? Et de quoi le sang nous parle-t-il ?

Le verset 11 de première épitre de Jean 5 explique en disant que le témoignage rendu par le Sang, l'Eau et l'Esprit consiste à ce que Dieu nous a ***donné la Vie et cette vie est en christ.***

Ainsi donc le sang parle de la vie de christ donnée en rançon pour l'humanité, c'est-à-dire que Christ est venu ôter le péché du monde, sauver et racheter l'humanité, ce qui n'est autre que la rédemption et la rémission des péchés.

1.4 LA REDEMPTION ET LA REMISSION DES PECHES PAR LE SANG

a) La rédemption

La Rédemption : est un mot dérivé du latin « REDIMERE », ce terme est traduit du grec LUTROSIS ou APOLUTROSIS : rachat, libération par le paiement d'une rançon, délivrance de celui qui est en esclavage ou en prison pour dette.

La rédemption est le fait d'être racheté ou sauvé, c'est en outre le SALUT qui est l'acte par lequel une personne est sauvée. Et le salut en soi comprend deux dimensions : le salut comme vie éternel et le salut comme délivrance (la restauration, la restitution et remplacement). La rédemption est un paquet dans lequel il y a tout ce dont on a besoin.

Le sang de christ Jésus nous procure la rédemption, celle-ci s'obtient qu'au moyen du Sang de Jésus Christ notre seigneur.

Ephésiens1 :7. « En lui nous avons la rédemption par son sang, la rémission des péchés, selon la richesse de sa grâce, »

Le sang est la monnaie spirituelle par laquelle nous, enfants de Dieu avons été racheté.

1 Pierre1 :18-19.« 18 sachant que ce n'est pas par des choses périssables, par de l'argent ou de l'or, que vous avez été rachetés de la vaine manière de vivre que vous aviez héritée de vos pères,19 mais par le sang précieux de Christ, comme d'un agneau sans défaut et sans tache, »

Dans le verset mentionné ci-dessus l'apôtre Pierre démontre comment l'homme ne peut jamais être racheté par l'or et l'argent. Nous pouvons réunir toutes les richesses du monde entier c.-à-d. toutes les pierres précieuse, ça ne pourraient jamais et jamais sauver ou même racheter l'âme d'une personne.

Seul le sang précieux de Christ a pu, peut et pourra racheter l'âme. L'auteur (apôtre Pierre) ajoute même un qualificatif précieux au sang, en disant que le sang est plus précieux que l'or, l'argent et diamant etc. ce qui est précieux, ce qui est de grand prix. Il est dit que l'âme n'a pas de prix ou est sans prix mais moi je dis et dirais que l'âme a un prix et ce grand prix est le SANG DE CHRIST qui a pu, peut et pourra sauver l'âme des hommes.

Psaume 49 :8 dit « Le rachat de l'âme est cher»,
1Corinthiens 6:20 «car vous avez été rachetés à un grand prix. Glorifiez donc Dieu dans votre corps et dans votre esprit, qui appartiennent à Dieu. »

1 Corinthiens 7:23 Vous avez été rachetés à un grand prix ; ne devenez pas esclaves des hommes.

Dans le sang de Jésus il y a la puissance pour sauver, il est plus puissant que la bombe atomique et la bombe atomique ou nucléaire peut détruire et faire disparaitre le monde entier mais LE SANG de Jésus Christ peut sauver et protéger le monde entier

b) <u>La rémission de péchés</u>

La rémission de péchés est en fait l'obtention du pardon de péchés, c'est l'acte même par lequel nous sommes pardonnés ou nos péchés sont pardonnés. De même manière la rédemption s'obtient par le sang ainsi aussi la rémission des péchés c.-à-d. le pardon du péché s'obtient aussi par le Sang Précieux qui parle mieux que le Sang d'Abel.

Hébreux 9 :22 « ***Et presque tout, d'après la loi, est purifié avec du sang, et sans effusion de sang il n'y a pas de pardon.*** »

Le verset ci-dessus nous montre clairement que le pardon n'est possible qu'au moyen de l'effusion du sang et sans celui-ci il ne peut y avoir le pardon des péchés. Le sang a été donné pour l'expiation des péchés.

- **La rémission des péchés dans l'ancienne alliance**

Dans l'ancienne alliance (l'ombre de biens à venir non pas l'exacte représentation de chose) le pardon du péché s'obtenait au moyen du sang d'animaux que le sacrificateur offrait en vue d'expiation dans un tabernacle fait des mains d'homme.
Le sacrificateur devait chaque jour offrir un taureau en sacrifice pour le péché et l'expiation pour la purification et le sacrificateur imposait sa main sur la tête de l'holocauste qui sera agrée de l'Eternel pour L'expiation.

Exode 29 :36« Tu offriras chaque jour un taureau en sacrifice pour le péché, pour l'expiation ; tu purifieras l'autel par cette expiation, et tu l'oindras pour le sanctifier. »

Le mot expiation ou Expier est la traduction du verbe hébreux KAPHAR, qui signifie primitivement couvrir, ce verbe prend ensuite le sens d'ôter, effacer, et expier. Un péché expié est un péché soustrait à la vue de Dieu, couvert.

« Heureux celui dont la transgression est pardonnée et dont le péché est couvert ».(#Ps 32:1, DARBY).

- **Rémission des péchés dans la nouvelle alliance**

La rémission du péché dans la seconde alliance (l'exact représentation de chose) se fait au moyen du Sang de Christ qui lui-même s'était offert comme un Sacrifice plus excellent que celui d'animaux offerts dans la première alliance, et étant lui-même le Souverain Sacrificateur.
Ceci est un grand mystère, du fait que le Seigneur se présente lui comme Sacrifice et Souverain Sacrificateur dans un tabernacle plus grand et plus parfait, qui n'est pas construit de mains d'homme , qui n' est pas de cette création pas avec le sang des boucs et des veaux mais avec son propre Sang.

⇨ Dans la nouvelle alliance Christ n'a pas voulu entrer dans le lieu très saint avec le sang d'animaux pour expiation des péchés pour deux raison :

- ✓ ***Premièrement, il est impossible que le sang des taureaux et des / boucs ôte les péchés.***

Hébreux 10 :4 « Car il est impossible que le sang des taureaux et des boucs ôte les péchés. »

Le sang d'animaux dans la première alliance n'ôtait pas les péchés malgré l'aspersion du sang faite, ainsi nous disons que le pardon n'était possible.
La raison qui fait que le sang de bœuf et de bouc n'ôtait pas les péchés est que le bœuf ou l'animal utilisé pour le sacrifice d'expiations était différent de l'homme, l'animal est un être vivant ou créature faite de deux parties c.-à-d. qui a *l'âme et le corps* seulement ; tandis que l'homme sur lequel le péché devrait être expié est un être tripartite c.-à-d. qui a l'esprit, l'âme, et le corps. Ainsi en utilisant le sang d'animaux on ne pouvait que purifier deux parties de l'homme c.-à-d. l'âme et le corps au détriment de l'esprit. L'esprit de l'homme qui est la partie même importante de l'homme n'était pas purifié et le péché demeurait encore dans l'esprit de l'homme. Ainsi ce dernier avait toujours une

conscience chargée du souvenir de ses péchés, il est impossible de parler de véritable rémission.

La purification dans l'ancienne alliance était partielle et incomplète car l'homme n'était pas totalement purifié,
Ainsi il fallait que Christ vienne et naisse de la vierge femme, il s'est fait chair et devenu un homme qu'on appelle fils de l'homme c.-à-d. un homme ayant aussi trois parties comme nous ; l'esprit, l'âme et le corps. En se donnant comme un sacrifice excellent et supérieur que celui d'animaux, versant son précieux sang et qu'au travers son sang versé tout l'être soit entièrement purifié c –à-d le corps, l'âme et l'esprit qui autre fois ne pouvait pas être unanimement purifié.

Heb10 :5-9 « C'est pourquoi Christ, entrant dans le monde, dit : Tu n'as voulu ni sacrifice ni offrande, Mais tu m'as formé un corps ; 6 Tu n'as agréé ni holocaustes ni sacrifices pour le péché. Alors j'ai dit : Voici, je viens Dans le rouleau du livre il est question de moi Pour faire, ô Dieu, ta volonté Après avoir dit d'abord : Tu n'as voulu et tu n'as agréé ni sacrifices ni offrandes, Ni holocaustes ni sacrifices pour le péché ce qu'on offre selon la loi, 9 il dit ensuite : Voici, je viens Pour faire ta volonté. Il abolit ainsi la première chose pour établir la seconde. »

Ainsi dans la nouvelle alliance la purification est totale car tout l'être est entièrement purifié et même la conscience.

Hébreux9 :14 « Combien plus le sang de Christ, qui, par un esprit éternel, s'est offert lui-même sans tache à Dieu, purifiera-t-il votre conscience des œuvres mortes, afin que vous serviez le Dieu vivant
Et Paul dit
1 Thessalonicien *5 :23 : «* ***Que le Dieu de paix vous sanctifie lui-même tout entiers, et que tout votre être, l'esprit, l'âme et le corps, soit conservé irrépréhensible... »***

- ✓ ***Deuxièmement, Le sacrifice d'animaux et leur sang n'amenaient pas les assistants à la perfection***

Dans l'ancienne alliance comme le sang de bouc n'ôtait pas les péchés ainsi donc les hommes ne pouvaient atteindre la perfection ou être amené à la perfection.

Hébreux10 :1 « En effet, la loi, qui possède une ombre des biens à venir, et non l'exacte représentation des choses, ne peut jamais, par les mêmes sacrifices qu'on offre perpétuellement chaque année, amener les assistants à la perfection. »

De ce fait Christ Jésus ne pouvait plus entrer avec le sang de bouc et de bœuf pour la rédemption et la rémission de péché

1.5 <u>SACRIFICATEUR ET LES 7 FOIS D'ASPERSSION DU SANG</u>

Le sacrificateur ou le souverain Sacrificateur était une personne mise à part, selon le libre choix de Dieu, prise parmi les enfants d'Israël précisément dans la tribu de Lévi (attaché) et consacrée et au service dans le sacerdoce.
Il était institué pour les humains dans le service de Dieu, afin de présenter des offrandes et des sacrifices pour les péchés.
Il devait avoir de la compréhension pour les ignorants et les égarés, puisque lui-même est sujet à la faiblesse. Et c'est à cause de cette faiblesse qu'il devait offrir, pour lui-même aussi bien que pour le peuple, des sacrifices pour les péchés
« Nul ne s'arroge cet honneur, mais seulement s'il est appelé de Dieu ».
Pour l'expiation du péché et la rédemption de l'homme, il devait entrer avec le sang de bœuf ou taureaux dans la tente de rencontre, il trempait son doigt dans le sang et en faire l'aspersion 7 FOIS devant l'Eternel en face du voile.
Celui-ci mettait du sang sur les cornes de l'autel qui était devant l'Eternel dans la tente d'assignation ;

Lêvitique4 ***:5-6 « Le sacrificateur ayant reçu l'onction prendra du sang du taureau, et l'apportera dans la tente d'assignation; il trempera son doigt dans le sang, et il en fera sept fois l'aspersion devant l'Eternel, en face du voile du sanctuaire. »***

Levitique4 ***:16-17 « Le sacrificateur ayant reçu l'onction apportera du sang du taureau dans la tente d'assignation; il trempera son doigt dans le sang, et il en fera sept fois l'aspersion devant l'Eternel, en face du voile. »***

Dans les deux versets ci-dessus on précise le nombre de fois que le sacrificateur devait faire l'aspersion, et il est dit qu'il devait en faire 7 fois, pourquoi 7 fois ?

Le chiffre 7 est le chiffre de perfection, du repos et de la plénitude, ce ci veut dire l'effusion du sang devient le moyen de purification qui nous permet à atteindre la perfection et expérimenter la délivrance au sens complet et vivre le repos et la plénitude.

Dans la nouvelle alliance le Seigneur Jésus Christ est venu aussi comme Sacrificateur et Souverain Sacrificateur. Christ ne s'est pas octroyé à lui-même la gloire de devenir souverain sacrificateur ; il l'a reçue de celui qui lui a dit : Tu es mon fils, c'est moi qui t'ai engendré aujourd'hui ;

Tout comme il dit encore ailleurs : Tu es prêtre pour toujours, selon l'ordre de Melchisédech. Il a été déclaré Souverain sacrificateur pas selon l'ordre d'Aaron mais selon L'ordre de Melchisédech.

Hebreux9 :12-12 « ***Mais Christ est venu comme souverain sacrificateur des biens à venir; il a traversé le tabernacle plus grand et plus parfait, qui n'est pas construit de main d'homme, c'est-à-dire, qui n'est pas de cette création ; et il est entré une fois pour toutes dans le lieu très saint, non avec le sang des boucs et des veaux, mais avec son propre sang, ayant obtenu une rédemption éternelle*** *».*

Christ étant venu comme souverain sacrificateur et sacrificateur a eu à entrer aussi dans le lieu saint avec son sang comme dans l'ancienne alliance, c.-à-d. il en a fait aussi l'aspersion 7 fois devant L'éternel en face du Voile. Car c'est que le sacrificateur devait faire

⟹ Ainsi nous allons devoir vous présenter dans ce livre les sept fois d'aspersion du sang de Christ Jésus et de quoi nous parle ce sang c.-à-d. Le témoignage rendu par son sang.

Christ a fait l'aspersion 7 fois du sang qu'il a versé au travers les différentes parties de son corps, le prophète Esaïe dit qu'il était blessé pour nos péchés.

Esaïe 53 :5 ***«Mais il était blessé pour nos péchés, Brisé pour nos iniquités ; Le châtiment qui nous donne la paix est tombé sur lui, Et c'est par ses meurtrissures que nous sommes guéris. »***

Christ était blessé c.à.d. il avait de blessure sur différentes parties de son corps. Et au travers de ses blessures le sang précieux coulait.

Voici les 7 différentes parties du corps par ou Christ a aspergé son Sang:

- *le sang versé au cours de la circoncision*
- *les grumeaux de sang versés dans le jardin de Gethsémané*
- *le sang versé par ses meurtrissures*
- *le sang versé de la tête couronnée d'épines*
- *le sang versé de mains clouées*
- *le sang aspergé de pieds cloués*
- *le Sang versé du coté percé*

I. LE SANG VERSE AU COURS DE LA CIRCONCISION

La première fois que le seigneur Jésus christ a aspergé son sang précieux, c'est lorsqu'il avait l'âge de huit jours, comme c'était une tradition chez le juifs, tout enfant male devrait passer par la circoncision le huitième jour. Le Seigneur Jésus fut circoncis à l'âge de huit jours et la circoncision se faisait à l'aide d'un couteau ou d'une pierre taillée comme Séphora circoncit son fils. On coupait le prépuce (la chaire) avec le couteau et on l'enlevait et le sang coulait.

LUC 2 :21« Le huitième jour après la naissance, le moment vint de circoncire l'enfant ; on lui donna le nom de Jésus, nom que l'ange avait indiqué avant que sa mère devienne enceinte. »

Et ce fut la première fois que Christ a eu à versé son sang, et le sang qui a coulé au cours de la circoncision est un sang divin, qui a la puissance de sauver et racheter l'homme, ce sang précieux parle mieux et rend témoignage.

Et de quoi nous parle ce sang versé au cours de la circoncision, quel témoignage rend-t-il ce sang précieux ?

Premièrement pour bien comprendre ce que nous dit et nous parle ce sang versé, nous devrions d'abord comprendre ce que c'est même la circoncision.

1. LA CIRCONCISION

Dans la bible, la circoncision a commencé dans le livre de la Genèse avec le patriarche Abraham lorsqu'il fut âgé de quatre-vingt-dix-neuf ans.

Genèse 17 :10-11«7 J'établirai mon alliance entre moi et toi, et tes descendants après toi, selon leurs générations: ce sera une alliance perpétuelle, en vertu de laquelle je serai ton Dieu et celui de ta postérité après toi.
8 Je te donnerai, et à tes descendants après toi, le pays que tu habites comme étranger, tout le pays de Canaan, en possession perpétuelle, et je serai leur Dieu.

9 Dieu dit à Abraham : Toi, tu garderas mon alliance, toi et tes descendants après toi, selon leurs générations.
10 C'est ici mon alliance, que vous garderez entre moi et vous, et ta postérité après toi : tout mâle parmi vous sera circoncis.
11 Vous vous circoncirez ; et ce sera un signe d'alliance entre moi et vous. »

Dans ce verset on évoque comment L'Eternel établit une alliance avec Abraham et sa descendance, une alliance perpétuelle càd de génération en génération et cette alliance consistait à ce que tout mâle parmi eux devrait être circoncis. Et cette ***circoncision était un signe d'alliance*** entre Dieu, Abraham et sa postérité.

L'alliance perpétuelle que Dieu a coupée avec Abraham et sa descendance a commencé à la place de la circoncision, et tous ce qui sont venu après Abraham marchaient et travaillaient sous cette même alliance, elle est appelé autrement par l'apôtre Pierre « L'ALLIANCE DE LA CIRCONSISION » dans le livre des Actes 7:8 *Puis Dieu donna à Abraham **l'alliance de la circoncision** ; et ainsi, Abraham, ayant engendré Isaac, le circoncit le huitième jour ; Isaac engendra et circoncit Jacob, et Jacob les douze patriarches.*

Ainsi nous disons ceci si « l'alliance abrahamique a commencé à la place de la circoncision, aussi donc la nouvelle alliance de Jésus celui qui fut avant que Abraham soit, a commencé à la place de sa circoncision. Le sang versé qui coule de la circoncision devient même **le sceaux de l'alliance.**

La circoncision de Jésus Christ est ***le Signe même de la nouvelle alliance***, lui-même Christ étant le garant de cette nouvelle alliance. Inauguré par son propre sang.

❖ **Pourquoi la Circoncision**

L'importance de la circoncision était de couper et enlever le prépuce qui est le symbole de la chair, l'ancienne nature, la nature adamique. C est exactement la séparation de ce qui est charnel et de ce qui est Spirituel.

Circoncire signifie « ***rouler de dessus de quelqu'un l'opprobre*** ».

Josué 5 :7-9 «Ce sont leurs enfants qu'il établit à leur place ; et Josué les circoncit, car ils étaient incirconcis, parce qu'on ne les avait point circoncis pendant la route. 8 Lorsqu'on eut achevé de circoncire toute la nation, ils restèrent à leur place dans le camp jusqu'à leur guérison.9 L'Eternel dit à Josué : Aujourd'hui, j'ai roulé de dessus vous l'opprobre de l'Egypte. »

Dans le verset ci- haut Dieu donne l'ordre ou l'instruction à Josué de circoncire tous ceux qui étaient nés dans le désert qui n'avait jamais été circoncis. Lorsque Moise eut achevé de circoncire tous ce qui étaient incirconcis l'Eternel dit : ***« Aujourd'hui J'ai roulé de dessus vous l'opprobre de l'Egypte ».***

La circoncision devient un acte par lequel Dieu roule de dessus le peuple l'opprobre de l'Egypte. La version Parole de Vie dit « ***Aujourd'hui, j'ai enlevé de vous la honte que vous avez rapportée d'Égypte.*** » et la version BFC (Français Courent) dit ***« Aujourd'hui, je vous ai débarrassés de la honte que vous aviez ramenée de l'Égypte. »***

Le mot Opprobre est remplacé par le mot « Honte », dans les deux versions citées ci-haut et le dictionnaire définit l'opprobre comme étant une Grande Honte.

Ainsi Circoncire quelqu'un veut dire « enlever de lui la Honte de L'Egypte (monde) ou le débarrasser de la Honte de L'Egypte ».

Lorsque l'Adam et Eve étaient crées, il est dit qu'ils étaient nus mais il n en avaient pas Honte (opprobre), pourquoi ? Car ils étaient couvert de la gloire de

Dieu, la honte n'était par leur partage mais quand ils ont péché il est dit qu'ils étaient devenu nus, ils sont allé se cacher et chercher à couvrir leur nudité de feuille de figuier car ils avaient Honte.

Et par leur désobéissance et leur péché la Honte (opprobre) est entrée dans le monde et L'homme qui ne devrait jamais vivre la Honte ou l'opprobre, est couvert de la Honte ou l'Opprobre.

L'opprobre ou la honte est l'opposé de la Gloire et le péché fait priver l'homme de la gloire. Romains 3:23 ***« Car tous ont péché et sont privés de la gloire de Dieu ; »*** la ou il y a l'opprobre il y a l'absence de la gloire vice versa, il est écrit que Si les temps passés ont couvert d'opprobre Le pays de Zabulon et le pays de Nephtali, Les temps à venir couvriront de gloire...

!!! Le seigneur Jésus a aussi subi la circoncision pas parce qu'il était incirconcis ou il avait l'opprobre mais d'ailleurs notons que le Seigneur Jésus Christ en étant bébé de l'âge de huit jours était déjà Dieu Emmanuel, Dieu parmi nous. Ainsi donc Il a été circoncis comme un acte prophétique, pour que au travers sa circoncision et au travers son précieux sang qui a coulé à l'endroit de la circoncision puisse enlever et ôter l'opprobre, la honte qui est entré dans le monde par la désobéissance du premier Adam et afin que quiconque croit en lui ne soit pas couvert de honte et d'opprobre mais soit couvert de la Gloire de Dieu.

NB. ***Ainsi nous devons savoir que chaque acte posé par Christ dé sa naissance jusque sa mort, sa résurrection et son ascension étai un acte prophétique ou un pas vers l'accomplissement de sa mission qui était la rédemption de l'Homme.***

PRIERES ET DECLARATION

- *Par la puissance du sang de Jésus christ qui parle mieux, la honte, l'opprobre ne couvrira pas ma famille, mon foyer et cela au nom de Jésus Christ notre sauveur.*
- *Si l'année passée était couverte d'opprobre et d'une Grande Honte, je déclare et je prophétise que cette année sera couverte de gloire au travers la puissance du sang de jésus.*
- *Toute forme de honte et d'opprobre démoniaque et satanique préparés contre ma famille, mes affaires, mon travail, mes études est nul et sans effets au Nom de Jésus Christ.*
- *Je déclare ma nation, ma province ne vivra pas la honte et l'opprobre, seule la gloire de Dieu sera notre partage au nom de Jésus.*

2. L'ALLIANCE

Nous avons évoqué ci-haut en disant que si l'alliance perpétuelle établie entre Dieu et Abraham, et sa descendance a commencé au travers la circoncision c'est ainsi qu'aussi par la circoncision de Christ la nouvelle alliance fut établie.

1) Qu'est-ce qu'une alliance

L'alliance est l'accord entre deux ou plusieurs personnes, ou un contrat entre deux ou plusieurs personnes. Bibliquement, L'alliance est un accord ou contrat entre Dieu et L'homme ou un peuple

2) L'importance de L'alliance

L'alliance est le moyen qui permet à Dieu d'être en relation ou d'entrer dans une relation avec un peuple. C'est au travers d'une Alliance, que l'Eternel peut devenir Dieu d'un peuple, d'une nation ou d'une famille.

Gen 17:7 J'établirai Mon alliance entre moi et toi, et tes descendants après toi, selon leurs générations: ce sera une alliance perpétuelle, en vertu de laquelle je serai ton Dieu et celui de ta postérité après toi.

C'est par la vertu de l'alliance que Dieu est devenu le Dieu d'Abraham et de sa Postérité. Ainsi lorsqu'il devient Dieu d'un peuple, il se manifeste et agit en conséquence en faveur du peuple. En dehors de l'alliance Dieu ne peut pas agir et opérer en faveur d'un peuple. L'alliance précède toujours l'action, la manifestation et l'opération (délivrance, restauration etc.) de Dieu. Isaac (la promesse) ne précède jamais l'alliance, mais Isaac vient après que l'alliance soit conclue ou établie, et aucune promesse ne peut se réaliser ou s'accomplir en dehors de l'alliance. L'alliance permet à Dieu ou lui octroie le droit d'intervenir dans la vie d'un peuple...

Exodes2 :24-25
24, Dieu entendit leurs gémissements, et se souvint de son alliance avec Abraham, Isaac et Jacob. 25. Dieu regarda les enfants d'Israël, et il en eut compassion. &

Le verset ci-haut montre clairement que c'est à cause du souvenir de l'alliance conclu avec Abraham, Isaac et Jacob que Dieu a regardé le peuple et qu'il eut compassion d'eux. Et la compassion est l'attitude intérieure qui pousse Dieu à s'occuper de son peuple qui est dans la détresse, à sympathiser avec eux. La compassion pousse ou amène Dieu à délivrer, sauver, guérir, restaurer et libérer les captifs etc.

Zacharie 9:11 Et pour toi, à cause de ton alliance scellée par le sang, Je retirerai (libérerai) tes captifs (prisonniers) de la fosse où il n'y a pas d'eau.

Et là ou l'alliance est inexistante et même encore si personne ne la garde, Dieu ne peut pas se manifester, ni même avoir compassion. Mais là ou on garde l'alliance, Dieu a compassion, il délivre, il sauve, il protège, il combat.

Un homme d'alliance est un homme dangereux et fort, le diable n'a pas peur d'homme qui prie beaucoup mais il craint beaucoup plus des hommes qui ont l'alliance avec Dieu, qui veillent et gardent l'alliance. L'observation et la garde de l'alliance crée une couverture de protection au tour de nous et c'est une sécurité contre le brigand et les adversaires. Illustrations dans le versé ci-dessous :

Psaumes 74 :20 Aie égard à l'alliance ! Car les lieux sombres du pays sont pleins de repaires de brigands.

Samson fut lié et livré entre les mains des philistins par les gens de Juda, et pendant que les philistins venaient à sa rencontre pour mettre la main sur lui, Le Saint –Esprit est descendu sur lui et tous liens avec lesquels ses mains étaient liés sont devenu comme de lin brulé au feu Càd brulés par le feu du Saint-Esprit.

Comment le Saint Esprit est-il descendu sur lui ? Sans que Samson aie prié, sans qu'il l'ait invoqué ou jeûné...

Plus encore lors du baptême de Jésus Christ, la bible dit : Jean pria, le ciel s'ouvrit et le Saint esprit était descendu sous une forme corporel de la Colombe, et pourtant dans le cas de Samson, sans la prière, ni jeûne le Paraclet est descendu, pourquoi ?

- Parce que Samson avait encore les CHEVEUX OU LES SEPT TRAISSES qui étaient le symbole et le signe de L'ALLIANCE. Tant que Samson avait égard à l'alliance en observant les clauses et les ordonnances de l'alliance et que le rasoir n'était pas encore passé sur sa tête, L'Esprit de L'Eternel ne devait que se manifester dans sa vie avec force et puissance.

Les conséquences de ne pas garder l'alliance

Il est important de noter que, servir ou faire l'œuvre de Dieu sans respecter son alliance ou la faire en dehors de son alliance est un suicide. Moise après que Dieu se soit révélé à lui comme étant le Dieu d'Abraham, Isaac, Jacob et lui envoi en mission, ce dernier prenant la route sans veiller sur l'alliance et ses clauses, le Seigneur l'attaqua et voulut le faire mourir, alors Séphora femme de Moise prit une pierre aigue et coupa le prépuce de son fils qui était incirconcis et la colère de Dieu s'apaisa et Dieu ne voulut plus faire mourir Moïse à cause de la circoncision (signe d'alliance) faite à son fils. L'alliance apaise et détourne la colère de Dieu.

Il y a toujours des conséquences lorsqu'on ne sait pas veiller ou garder l'alliance qu'on a avec Dieu. Le psalmiste dit : « ***aie égard à l'alliance car les endroits sombre du pays il y a de repère de brigand***. » Chaque fois qu'il y a violation de l'alliance, on donne accès au brigand ou à l'ennemie, on ouvre des brèches.

Avoir égard à l'alliance c'est observer les clauses de l'alliance, les ordonnances ou les instructions qui régissent cette alliance, car à l'alliance sont lié des instructions. Ainsi lorsqu'on n'observe pas les instructions de l'alliance, on ouvre des brèches à l'ennemi et aux brigands de faire le mal.

3) La Brèche

Une brèche est une ouverture ou un accès par le quel l'ennemi peut entrer et détruire, faire du mal, voler etc. l'apôtre Paul dit ***: « ne donnez pas accès (brèche, ouverture) au Diable et que celui qui dérobe arrêtes de dérober... »*** Et dérober c'est un péché et la bible dit tu ne déroberas point, donc nous pouvons dire qu' il y a brèche lorsqu'il y a péché, et le péché n'est autre que la transgression de la loi ou aux ordonnances, Instructions de Dieu.

Chaque fois qu'Israël commettait un péché et qu'il brisait l'alliance avec Dieu, il laissait des brèches qui donnaient accès aux brigands et ils se retrouvaient assiégés par ses ennemis ou adversaires car il n'avait plus de protection. Ainsi là où on viole ou brise l'alliance, Dieu ne sait plus intervenir et il se retire. Lorsque Samson a violé et n'a pas respecté les clauses de l'alliance en faisant raser sa tête ; l'Eternel s'était retiré de lui et les philistins mirent la main sur lui.

Mais encore parlant de la femme sage qui aida Tamar à s'accoucher s'était écrié « quelle Brèche » lorsque le premier enfant présenta la main et la sage-femme attacha un fil de cramoisi et le bébé retira la main, pour qu'alors l'autre enfant sorte en premier et celui qui présenta la main sortit en second.

⟹ Pourquoi s'était-elle crié: quelle brèche tu as laissée?

Sachant déjà qu'une brèche est une ouverture ou un accès par lequel un brigand peut entrer, et qu'il y a Brèche lorsque il y a violation ou péché. Dans ce cas Il y a eu brèche ou la sage-femme s'est crié brèche car par rapport a loi et principe de la création est que « ***tout accouchement doit commence par la tête*** » Lorsque la tête ne se positionne pas en premier et que la main ou le pied veut se positionner pour sortir avant la tête, il y a un désordre et il y a violation à l'ordre établi par le créateur. Et toute violation ouvre de brèche. Par conséquent il y aura pas d'accouchement l'enfant va connaitre le blocage et il ne sortira pas.

La tête symbolise L'AUTORITE, Christ est la tête de L'église et cette dernière son corps. Chaque fois que Christ ne prend pas la première position dans nos vie ou dans l'église ou qu'il y ait un membre qui veuille se positionner en premier, il y aura désordre et on ouvrira de brèche ; par conséquent l'église connaitra de blocage, il y aura pas percé.

La tête symbolise aussi <u>l'autorité ecclésiastiques</u>, dans une église ou on ne sait pas respecter les autorités, ou il y a la désobéissance envers les autorités càd les évêques, les pasteurs, les prophètes, le départementaux etc. lorsqu'on ne sait pas respecter les positions des autorités, il y aura beaucoup de brèche et par conséquent les gens connaitrons beaucoup de blocage, ils ne vont pas percer, leur vie sera toujours bloquée et attireront une condamnation sur eux-mêmes. La tête symbolise aussi l'Autorité politique ou l autorité familiale, dans une nation ou dans une famille, s'il y a désobéissance aux autorités, celles-ci ne connaitrons jamais d'émergence. [2]

Romains 13:1 Que toute personne soit soumise aux autorités supérieures; car il n'y a point d'autorité qui ne vienne de Dieu, et les autorités qui existent ont été instituées de Dieu.
Romains 13:2 C'est pourquoi celui qui s'oppose à l'autorité résiste à l'ordre que Dieu a établi, et ceux qui résistent attireront une condamnation sur eux-mêmes.

4) **Comment fermer ou réparer une brèche**

Lorsque l'enfant a présenté la main à la place de la tête, la sage-femme prit un fil de cramoisi et l'attacha à sa main et l'enfant retira la main, pourquoi seulement le fil de cramoisi pas un autre fil ? C'est parce que le cramoisi bibliquement symbolise le sang, or c'est par le sang qu'on est purifié et qu'obtient le pardon. La parole de Dieu déclare que « sans effusion du sang il n y a pas le pardon. Ainsi la réparation de brèche ne se fait qu'au travers la dimension de la repentance, la confession de péché, purification et l'obtention de pardon de péché. Et il n'y a pas de sang sans un sacrifice càd l'immolation de l'animal, par exemple le bœuf ou bouc, or le mot bœuf vient de l'hébreux PHARA, ayant deux syllabes la première PHA qui signifie sortir ou quitter et la deuxième RA qui signifie tête, ordre, principe ainsi PHARA veut simplement dire sortir de l'ordre, de ce fait nous pouvons dire que la personne qui amène le bœuf pour sacrifice était réellement sorti de l'ordre ou s'était égaré de principe de Dieu. Or l'hébreux peut être lu dans le sens inverse

Ainsi en lisant le même mot dans le sens inverse on lit RAPHA; qui signifie « GUERRIR »OU GUERRISON, RESTAURER. Ce qui laisse entendre qu'on ne peut vivre et expérimenter la guérison que lorsqu'on est dans ordre et les principes de Dieu. Mais cela ne se fait qu'au travers le principe du sacrifice et du sang. ***Si mon peuple sur qui est invoqué mon nom s'humilie, prie, et cherche ma face, et s'il se détourne de ses mauvaises voies, je l'exaucerai des cieux, je lui pardonnerai son péché, et je guérirai son pays. 2 Chroniques 7:14***

II. LES GRUMEAUX DE SANG VERSE DANS LE JARDIN DE GETHSEMANI

Luc 22 :44 « ***Etant en agonie, il priait plus instamment, et sa sueur devint comme des grumeaux de sang, qui tombaient à terre. »***

Christ va dans un jardin appelé Gethsémané selon sa coutume, pour prier à la montagne des oliviers et les disciples se rendirent avec lui, Puis il se retira à la distance d'un jet de pierre, se mit à genoux et pria ainsi trois fois: O Père, si tu le veux, écarte de moi cette coupe ! Toutefois, que ta volonté soit faite, et non la mienne. Un ange venu du ciel lui apparut et le fortifia. L'angoisse le saisit, sa prière se fit de plus en plus pressante, sa sueur devint comme des grumeaux de sang qui tombaient à terre.

Ainsi c'était la deuxième fois que le Seigneur Jésus-Christ verse son Sang précieux sous forme de grumeaux de sang qui tomba à terre. Et ces grumeaux de sang témoignent et parlent mieux que celui d'Abel, c'est un Sang qui a de gêne divin.

⇨ Quel est donc le témoignage que rendent ces grumeaux de sang et de quoi nous parlent-ils?

- ✓ **Premièrement c'est le choix du lieu sur quel ces grumeaux de sang était tombés,**

Le seigneur Jésus Christ n'est pas allé dans un désert, dans un temple ou même dans la synagogue pour prier et y verser ou asperger son sang de la rédemption. Mais il choisit d'aller seulement dans un jardin appelé Gethsémané pour y prier et verser ses grumeaux de sang,

Pourquoi aller seulement verser son sang dans un jardin ? Parce que tout d'abord l'histoire de la chute de l'homme et de l'humanité avait commencé dans un jardin, car un homme du nom d'Adam placé dans le jardin avait désobéi et touché à l'arbre interdit par Dieu et par conséquent ce dernier perd la domination, le pouvoir, l'autorité sur toutes les créatures dans le ciel sur la terre et dans la mer à cause de la désobéissance.

Ainsi le Seigneur Jésus christ le Dernier ADAM par excellence, l'Esprit vivifiant va aussi dans un jardin pour y prier et verser son sang précieux, le sang qui sauve et qui rachète. Et qu'au travers ces grumeaux de sang tombés dans le jardin, les problèmes de l'humanité puissent être réglé, càd relever l'homme déchu, restaurer et récupérer l'autorité, la domination ainsi aussi tous ce que le premier Adam avait perdu.

- Ainsi le sang qui a coulé dans le jardin parle et témoigne de la puissance de restauration et récupération de tous ce que le Premier Adam avait perdus dans le jardin.

Il y a une puissance de réparation et restauration dans le sang de Jésus Christ pour réparer et restaurer tout ce qui a été perdu et détruit par le malin.

- ✓ **Deuxièmement christ ne pouvait pas aller dans un temple ou même dans une synagogue ! mais dans un Jardin**

Se référant à la bible, le Seigneur Jésus était toujours chassé du temple ou de la synagogue, sa première apparition dans une synagogue après qu'il ait fini de faire la lecture du livre du prophète Esaïe 59 et fini de leur parler, tous se levèrent pour leur chasser hors de la synagogue et hors de la ville et le menèrent jusqu'au sommet de la montagne sur laquelle leur ville était bâtie, afin de le précipiter en bas. Mais Jésus, passant au milieu d'eux, s'en alla. Et dans Jean 8 nous voyons aussi que Christ fut encore chassé hors du temple quand il dit « avant qu'Abraham fut, je suis » et ils voulurent le lapider avec de pierres et il sortit du temple. Ainsi christ ne pouvait pas choisir d'aller dans une synagogue ou un temple y prier ou y verser son sang, mais il a choisi un jardin, comme ils s'y réunissaient souvent avec ses disciples. Et au commencement Dieu n'avait planté ou construit de synagogue ou de temple comme étant un lieu de rencontre avec l'homme, mais le jardin d'éden comme un lieu de rencontre ou de communion avec l'homme. Car c'est dans le jardin d'Eden que Dieu allait visiter l'homme qu'il a créé à son image et à sa ressemblance. Et la bible dit que Dieu n'habitera plus dans la maison construite de mains d'hommes.

Ainsi nous comprenons clairement que christ aimait fréquenter et passer ses moment de prière dans le jardin, car il était le Dernier Adam et priait tout le temps dans le jardin c'était sa coutume et cela qu'il fut même arrêté, je l'appelle **Dernier Jardinier**

Christ, le Dernier Jardinier

Et le jour de la résurrection du Christ, Marie de Madgala le confond à un jardinier, dans Jean 20 :15 « *Jésus lui dit : Femme, pourquoi pleures-tu ? Qui cherches-tu ? Elle, pensant que c'était le* ***jardinier****, lui dit : Seigneur, si c'est toi qui l'as emporté, dis-moi où tu l'as mis, et je le prendrai* ». Qui est un Jardinier ? Un Jardinier est une personne qui garde et cultive et travaille dans un jardin, Or le premier homme que Dieu créa était un jardinier. La bible dit que Dieu planta un Jardin à l'orient et L'Eternel Dieu prit l'homme, et le plaça dans le jardin d'Eden pour le cultiver et pour le garder. Malheureusement le premier Jardinier par sa désobéissance fut chassé, expulsé, mis hors du jardin et destitué, licencié du post de jardinier, et Dieu mit les chérubins avec des épées flamboyantes pour empêcher l'homme d'avoir accès au jardin.

Mais le jour de la résurrection, quand Marie confond le Seigneur à un jardinier, cela veut simplement dire qu'elle n'avait pas nécessairement confondu, mais c'était un signe et un acte prophétique pour dire, confirmer et attester que là où le premier Adam, le premier Jardinier a échoué sa mission, le Dernier Adam, le Dernier Jardinier j'ai tout ACCOMPLI, la mission est accomplie et désormais, l'accès au Jardin d'éden est ouvert. Eden signifie Délice, Bonheur, paix etc. Non seulement Marie le confond au Jardinier mais elle voit aussi les anges sur le lieu où le corps de Christ était étalé l'un à tête et l'autre au pied, mais ses anges n'avait pas des épées flamboyantes comme ceux qui étaient dans le jardin d'éden pour dire ceci, l'accès est ouvert au jardin d'éden, au jardin de délice, de bonheur, de joie, de paix, on ne vous interdit plus d'accéder au Jardin d'éden

- ✓ **Troisièmement c'est la sueur devenu comme de grumeaux du sang.**

Toujours est-il que dans l'histoire du jardin d'éden, La toute première fois dans la bible ou la sueur fut citée ou mentionnée, c'était après que le premier homme ait désobéi et mangé à l'arbre défendu par Dieu. Et l'Eternel Dieu dit à l'homme : « *Puisque tu as écouté la voix de ta femme, et que tu as mangé de l'arbre au sujet duquel je t'avais donné cet ordre : Tu n'en mangeras point ! le sol sera maudit à cause de toi. C'est à force de peine que tu en tireras ta nourriture tous les jours de ta vie, 18 il te produira des*
Épines et des ronces, et tu mangeras de l'herbe des champs. C'est à la
Sueur de ton visage que tu mangeras du pain, jusqu'à ».
La sueur est le symbole de la malédiction.
Ainsi l'homme qui avant la chute ne pouvait vivre par la sueur de son front ou son visage, commence à vivre ou manger par la sueur de son visage. Cette parole libérée par Dieu était une parole de malédiction conséquemment à la désobéissance.
Ainsi vivre par la sueur de son visage c'est vivre sous une malédiction, un enfant de Dieu née non de la volonté de la chair, ni du sang, mais née d'eau et de l'esprit, baptisé, scellé et rempli du Saint Esprit ne peut jamais, mais encore jamais vivre par la sueur de son visage mais plutôt vivre par la foi, car la parole déclare que mon juste vivra par la Foi. Si

quelqu'un est en Christ, il devient une nouvelle Création, les choses anciennes sont passées toutes choses sont devenues nouvelles.

Il était interdit aux sacrificateurs d'exciter la sueur dans le parvis intérieur ou encore de faire tomber la sueur, car celle-ci était une abomination ou malédiction, sur ce, le Seigneur leur ordonnait de porter de tiares de lin à leur tête et de caleçon de lin sur leurs reins, ils ne se ceindront point de manière à exciter la sueur. Et faire couler la sueur de leurs corps dans le parvis intérieur de la maison c'était apporter une chose impure devant l'éternel.

Ezéchiel 44 :16-18 « Ils entreront dans mon sanctuaire, ils s'approcheront de ma table pour me servir, ils seront à mon service.17 Lorsqu'ils franchiront les portes du parvis intérieur, ils revêtiront des habits de lin ; ils n'auront sur eux rien qui soit en laine, quand ils feront le service aux portes du parvis intérieur et dans la maison. 18 Ils auront des tiares de lin sur la tête, et des caleçons de lin sur leurs reins ; ils ne se ceindront point de manière à exciter la sueur. »

⇒ Cependant Christ Jésus dans le jardin Gethsémané, sa sueur devint comme grumeaux de sang qui tomba à terre, au fait la sueur n'est pas devenu comme de grumeaux de sang, mais c'est le sang de Christ Jésus l'agneau sans tâche et sans défaut qui est entré et se mélangeait avec la sueur pour détruire arrêter, annuler, neutraliser, réfuter toutes les malédictions liées à la sueur en fin que ceux qui croient en son nom ne puissent par vivre et manger par la sueur de leur visage mais qu'il puissent vivre par la foi. Car mon juste vivra par la foi.

Psaumes 127:2 En vain vous levez-vous matin, vous couchez vous tard, Et mangez-vous le pain de douleur ; Il en donne autant à ses bien-aimés pendant leur sommeil.

Vivre par la sueur de son visage c'est vivre par ses propres efforts et ses propres capacité ou habilités. Mais Christ nous a délivrés de cette malédiction.

⟹ Vivre par la sueur de son visage c'est vivre par ses propres efforts, or les efforts de l'homme sont inutiles et surtout si celui-ci est sans Dieu.

Ezéchiel 24:12 Les efforts sont inutiles, la rouille dont elle est pleine ne se détache pas ; la rouille ne s'en ira que par le feu.

Ainsi l'Homme a besoin de Dieu et que sa grâce, sa faveur imméritée l'environne et l'arrose pour que tous ce qu'il fait ou entreprend puisse prospérer ou avancer sans ses propres effort.

La désobéissance de L'homme aux ordres de Dieu a fait que Dieu maudisse le sol, c'est à sa force et peine qu'Adam devait tirer sa nourriture et manger son pain par la sueur de son visage. Ainsi la nature se tourne contre l'homme, la nature se rebelle et se révolte contre L'homme et par conséquent c'est à force de peine que l'homme commence gagner son pain.

L'apôtre pierre travailla et pêcha toute la nuit, sans rien prendre pas même un petit poisson, et quand le Seigneur Jésus lui demanda sa barque pour l'utiliser a fin d'enseigner la foule, après qu'il ait enseigné il dit à pierre : Avance en pleine eau, et jetez vos filets pour pêcher. Simon lui répondit : Maître, nous avons travaillé toute la nuit sans rien prendre ; mais, sur ta parole, je jetterai le filet. L'ayant jeté, ils prirent une grande quantité de poissons, et leur filet se rompait. Et cela en pleine journée qu'ils ont une grande quantité de poisson. Et pour temps une bonne pêche se fait la nuit, pas la journée mais malheureusement pierre avec toutes les conditions réunies, il fut incapable de prendre même un poisson Pourquoi ? Parce qu'il travailler sous la malédiction liée à la sueur de son visage. Et souvent l'apôtre pierre péchait nu, sans habits or être nu et sans habit c'est un état d'un homme déchu, un homme à qui la nature se tourne contre, le mot nu signifie « *être privé de ressources* », « *être désarmé* ».

Ainsi donc lorsque le poisson voyait Pierre nu et sans habit, il percevait directement le premier homme qui était devenu Nu et déchu, et le poisson se

détourner de lui et fuyait. Mais à la parole du Dernier Adam, il jeta le filet et prit beaucoup de poison sans aucun effort ou sans transpirer.
Car là où le Dernier Adam intervient l'humain ou l'effort humain disparait et l'homme ne vit plus par la sueur de son visage mais par la foi qui vient de Christ Jésus, il nous a rachetés de la malédiction de la loi, étant devenu malédiction pour nous ; car il est écrit : Maudit soit quiconque est pendu au bois.

✓ **Quatrièmement la restauration de la volonté de l'homme**

Toujours est-il que, dans l'histoire du Jardin d' Eden, lorsque l'homme a péché ou désobéi aux instructions de Dieu, mangeant à l'arbre que Dieu lui avait interdit et Adam avait soumis sa volonté à la captivité du diable

Adam et Eve se sont directement soumis au pouvoir et au contrôle du Diable, car celui qui désobéit à Dieu, obéit indirectement au Diable et devient son esclave. La volonté de l'homme est sous l'emprise, la manipulation et le contrôle du Diable, ainsi, lorsqu'il faut dire « OUI » l'homme dit « NON » et quand il vient à dire « NON » sa volonté disait « OUI », l'homme ne sait plus faire ce qu'il désire ou ce qu'il a décidé. C'est le diable qui dicte et commande l'homme et manipule sa volonté selon son bon plaisir.

L'apôtre Paul dit dans Romains 7 :19-20 et 25 « *Car je ne fais pas le bien que je veux, et je fais le mal que je ne veux pas. 20 Et si je fais ce que je ne veux pas, ce n'est plus moi qui le fais, c'est le péché qui habite en moi.* » *24 Misérable que je suis ! Qui me délivrera du corps de cette mort ? ... 25 Grâces soient rendues à Dieu par Jésus-Christ notre Seigneur ! ...* or le péché qui habita dans l'homme c'est le syndrome luciférien qui permet au diable d'avoir le control total sur l'homme.

Et dans le jardin Gethsémani, Jésus-Christ a soumis Sa volonté à Dieu malgré toutes les pressions de l'enfer; le jardin de Gethsémani fut le lieu où tout l'enfer se réunit pour faire pression sur la volonté de Jésus-Christ afin de Le pousser à faire les choses selon Lui et non selon Dieu. Et Jésus pouvait s'écrier : « *Mon*

Père, s'il n'est pas possible que cette coupe s'éloigne sans que je la boive, que ta volonté soit faite! »

Le combat du jardin de Gethsémané était une lutte autour de la volonté; faire sa volonté propre ou alors faire la volonté de Dieu, Par ce sang sous forme de grumeaux de sang versé dans le jardin, Jésus brisa la puissance de Satan qui tenait la volonté des hommes dans toutes sortes de captivités.

PRIERE ET DÉCLARATION

- *Par la puissance du sang de Jésus Christ je proclame une restauration Totale et complète dans tout le domaine de ma vie.*
- *Par le sang de Jésus Christ je récupère et j'arrache tous ce que l'ennemie a volés dans ma vie.*
- *Tous ce que les sorciers ou les démons ont saccagés dans ma vie, dans ma famille soient restauré par la puissance du sang de Jésus Christ etc.*
- *Je déclare et confesse que ma volonté n'est plus sous le contrôle du malin par la puissance du sang de Jésus Christ*
- *Je refuse de vivre la volonté des hommes ni même du Diable mais seule la volonté de Dieu sur ma vie au nom de Jésus Christ.*
- *Désormais le bien que je veux, je serais en train de le faire et le mal que je ne veux pas, je ne serais jamais en train de le faire au nom de Jésus Christ.*

III. LE SANG VERSE PAR SES MEURTRISSURES

Les meurtrissures sont les marques, les traces, les déchirures, les abattements provoqués ou causés par la flagellation. La flagellation en soit est l'acte qui consiste à fouetté le corps humains spécialement la parties du dos, avec un fouet, de lanières, tiges souple. Il s'agit de nombre de coups de fouet qu'on lui infligeait.

Le fouet utilisé pour la flagellation était un fouet spécifique qui avait une manche portant plusieurs lanières épaisses et larges munies à quelques distances de leurs extrémités de balles de plomb ou d'os de moutons. Les lanières coupaient la peau cependant que les balles ou les osselets imprimaient de profondes plaies contuses ; il en résultait une hémorragie, le sang coulait de se plaies. Ainsi notre Seigneur fut flagellé, les coups de fouets à lanières laissaient sur son dos des traces, des marques, des plaies et ainsi le sang a coulait de son dos. Le roi David avait prophétisé à ce sujet dans le psaume :

Des laboureurs ont labouré mon dos, Ils y ont tracé de longs sillons. Psaumes 129 :3

Et le prophète Esaïe l'a prophétisé et dit ***: ' «J'ai livré mon dos à ce qui me frappaient ... » Esaie50 :6***

Et le sang qui a coulé des meurtrissures parle, témoigne mieux que le sang de d'Abel. Nous allons ainsi découvrir ensemble quel est le témoignage et de quoi nous parle le sang qui a coulé du dos du christ. D'emblée nous pouvons déjà dire que ce sang nous parle de:

- **La puissance de la guérison et la puissance de l'accomplissement.**

1) **la puissance de la guérison** : le sang qui a coulé de ces meurtrissures témoigne et parle de la puissance de la guérison libérée pour nous qui croyons en Christ, et que nous pouvions être guéris ou sommes déjà guéris de toutes sortes de maladies que ça soit les maladies curable ou incurable, les maladies naturelles ou surnaturelles (démoniaques).

Esaïe 53 :5 Et c'est par ses meurtrissures que nous sommes guéris.

La guérison pour nous qui sommes nées de nouveau et fils de Dieu est un fait, un fait c'est ce qui est déjà accompli, la bible ne dit pas que par ses meurtrissures **nous serons** guéris mais plutôt par ses meurtrissures **nous sommes** guéris. C'est déjà accompli, ce n'est pas quelques choses que Dieu cherche à accomplir mais c'est déjà fait. Dans la bible nous avons des promesses et des faits, les promesses c'est ceux qui doivent s'accomplir ou se réaliser dans un futur proche ou lointains, mais les faits sont ce qui sont déjà accomplis, ou réalisés. En outre, nous disons que La guérison est la nourriture des enfants, nous ne prions pas pour avoir la guérison mais nous prions car nous avons déjà guérison, nous ne prions pas pour être guéri mais nous prions car nous sommes guéris.

Notre père est un Dieu qui guérit toutes les maladies qui existent et qui existerons, et il y a aucune maladie que Dieu ne peut guérir.

Psaumes 103:3 C'est lui qui pardonne toutes tes iniquités, Qui guérit toutes tes maladies

Le seigneur Jésus Christ a guéri de malades dans son ministère.

Marc 1:34 Il guérit beaucoup de gens qui avaient diverses maladies

Le Dr TL Osborn a établi cinq faits de base dans son livre(*les sept pas vers la guérison par christ*) par lesquels nous pouvons savoir dans la bible concernant la guérison :

- DIEU est celui qui guérit (Exode 15 : 26) et Il n'a Jamais changé : "Je suis le Seigneur, je ne change pas" l'Eternel) (Mal. 3 : 6).
- JESUS-CHRIST a guéri les malades (Matthieu 9 :35 – Marc 6 : 55-56 - Actes 10 : 38) et Il n'a jamais changé : "Jésus-Christ est le même hier, aujourd'hui et éternellement" (Hébreux. 13 : 8).

- Jésus a ordonné à SES DISCIPLES de guérir les malades (Matthieu 10 : 1 à 7 – Luc 10 : 1, 8-9), et un vrai disciple de Christ se reconnaît aujourd'hui comme : "Si vous persévérez dans ma parole, alors vous êtes vraiment mes disciples" (Jean 8 : 31). 4
- Les miracles de guérison se sont produits Partout dans le ministère de l'EGLISE PRIMITIVE (Actes 3 : 6 – 4 : 29 – 5 : 12 – 6 : 8 – 8 : 5 – 14 : 3, 9-10 – 9 :11-12 – Héb. 2 : 3-4), et la véritable Eglise n'a jamais changé. Les Actes des Apôtres nous relatent la naissance et l e développement de la véritable Eglise qui demeure l'exemple et le modèle pour l'Eglise " jusqu'à la fin du monde" (Matthieu 28 : 20).
- Jésus a envoyé TOUS LES CROYANTS, parmi toutes les nations, jusqu'aux extrémités de la terre, pour imposer les mains aux malades, promettant "qu'ils seront guéris" (Marc 16 : 15 à 18) et certainement les vrais croyants n'ont jamais changé. Jésus a dit : "Celui qui croit en moi fera lui aussi les œuvres que moi je fais" (Jean14 : 12).

PRIERES ET DÉCLARATIONS PROPHETIQUES

- *Par la puissance du sang de Jésus Christ versé par ses meurtrissures je proclame que mon corps est guéri de toutes les maladies naturelles ou surnaturelles*
- *Je déclare et confesse une guérison instantanée sur toutes les maladies incurable que ça soit le sida, Ebola etc.*
- *Toutes les maladies qui m'ont maintenue lié des années en année soient détruites par la puissance de la guérison libérée par le sang versé de ses meurtrissures*
- *Je maudis toutes maladies cachées dans mon sang et qui cause l'inconfort dans mon corps à la racine par la puissance du sang de Jésus Christ*

- *Je confesse et je proclame que je suis guéri de toutes les maladies héréditaires multifactorielles, mono factorielles, chronique, que sa soit la carie dentaire, l'hémorroïde, hypertension, hypotension, le diabète etc. par la puissance du sang de Jésus Christ au nom de Jésus Christ.*
- *Par la puissance du sang de jésus Christ versé par ses meurtrissures je suis guéri de tout genre de cancer, de sang, de sein, de la peau, de poumon, de cerveau, de prostate, du colon et du rectum, de rein, de foi etc.*

2) **La puissance de l'accomplissement** : nous avions expliqué ci-haut que les meurtrissures étaient les traces et les marques ou les déchirures provoqués par la flagellation. Qu'il s'agissait de nombre des coups de fouet donnaient au dos de Christ.

Les juifs quand ils flagellaient, le nombre des coups de fouet qu'ils donnaient ne dépassait pas 40 coups, ils n'allaient pas au-delà de 40 coups de fouet.

Deutéronome 25 :2-3 *Si le coupable mérite d'être battu, le juge le fera étendre par terre et frapper en sa présence d'un nombre de coups proportionné à la gravité de sa faute. 3 Il ne lui fera pas donner plus de quarante coups, de peur que, si l'on continuait à le frapper en allant beaucoup au-delà, ton frère ne fût avili à tes yeux.*

La flagellation juive Souvent allait jusqu'à quarante coups moins un (40-1). Et L'apôtres Paul le confirme en lisant dans les épitres de 2 Corinthiens 11 :24
cinq fois j'ai reçu des Juifs quarante coups moins un.
Pour quoi seulement quarante coups moins un ? Or nous savons que la bible canonique est subdivisée en deux testaments, l'ancien testament (ancienne Alliance) et le nouveau testament (nouvelle alliance), et la bible canonique est en fait une bibliothèque de 66 livres dont 39 livres pour l'ancien testament et 27 livres de nouveau testament.

Or Christ Jésus, pendant qu'il était flagellait il en avait reçu 40 coups moins un ce qui donne 39 coups qui sont proportionnels au 39 livres de l'ancien testament. Càd chaque coup de fouet qu'il recevait, était synonyme d'un livre de l'ancien testament qu'il accomplissait, et l'ancien testament ou l'ancienne alliance est appelé ou considéré comme la loi et le prophète.

Mathieu 5 :17 *que Christ ne soit pas venu abolir la loi ou le prophète mais accomplir la loi et le prophète.*

- Pendant qu'on lui donnait le premier coup c'était **Genèse**, qu'il accomplissait
- Pendant qu'on lui donnait le deuxième coup de fouet c'était **Exodes** qu'il accomplissait
- Pendant qu'on lui fouettait c'était **Lévitiques** qu'il accomplissait
- Pendant qu'on lui fouettait c'était **Nombre** qu'il accomplissait
- Pendant qu'on lui fouettait c'était **Deutéronome** qu'il accomplissait
- Pendant qu'on lui fouettait c'était **Josué** qu'il accomplissait
- Pendant qu'on lui fouettait c'était **Juges** qu'il accomplissait
- Pendant qu'on lui fouettait c'était **Ruth** qu'il accomplissait
- Pendant qu'on lui fouettait c'était **1 et 2 Samuel** qu'il accomplissait
- Pendant qu'on lui fouettait c'était **1 & 2 Rois** qu'il accomplissait
- Pendant qu'on lui fouettait c'était **1 & 2 Chroniques** qu'il accomplissait
- Pendant qu'on lui fouettait c'était **Esdras** qu'il accomplissait
- Pendant qu'on lui fouettait c'était **Néhémie** qu'il accomplissait
- Pendant qu'on lui fouettait c'était **Esther** qu'il accomplissait
- Pendant qu'on lui fouettait c'était **Job** qu'il accomplissait
- Pendant qu'on lui fouettait c'était **Psaumes** qu'il accomplissait
- Pendant qu'on lui fouettait c'était **Proverbes** qu'il accomplissait
- Pendant qu'on lui fouettait c'était **Ecclésiastes** qu'il accomplissait
- Pendant qu'on lui fouettait c'était **Cantiques des Cantiques** qu'il accomplissait

- Pendant qu'on lui fouettait c'était **Esaïe** qu'il accomplissait
- Pendant qu'on lui fouettait c'était **Jérémie** qu'il accomplissait
- Pendant qu'on lui fouettait c'était **Lamentations** qu'il accomplissait
- Pendant qu'on lui fouettait c'était **Ezéchiel** qu'il accomplissait
- Pendant qu'on lui fouettait c'était **Daniel** qu'il accomplissait
- Pendant qu'on lui fouettait c'était **Osée** qu'il accomplissait
- Pendant qu'on lui fouettait c'était **Joël** qu'il accomplissait
- Pendant qu'on lui fouettait c'était **Amos** qu'il accomplissait
- Pendant qu'on lui fouettait c'était **Abdias** qu'il accomplissait
- Pendant qu'on lui fouettait c'était **Jonas** qu'il accomplissait
- Pendant qu'on lui fouettait c'était **Miché** qu'il accomplissait
- Pendant qu'on lui fouettait c'était **Nahum** qu'il accomplissait
- Pendant qu'on lui fouettait c'était **Habacuc** qu'il accomplissait
- Pendant qu'on lui fouettait c'était **Sophonie** qu'il accomplissait
- Pendant qu'on lui fouettait c'était **Aggée** qu'il accomplissait
- Pendant qu'on lui fouettait c'était **Zacharie** qu'il accomplissait
- Pendant qu'on lui fouettait c'était **Malachie** qu'il accomplissait.

Christ a accompli au travers les 39 coups qu'il a reçus, la loi et le prophète. Et ceci se démontre à la montagne de transfiguration dit par les évangiles :

Mark9 : 2 « Six jours après, Jésus prit avec lui Pierre, Jacques et Jean, et il les conduisit seuls à l'écart sur une haute montagne. Il fut transfiguré devant eux ; 3 ses vêtements devinrent resplendissants, et d'une telle blancheur qu'il n'est pas de foulon sur la terre qui puisse blanchir ainsi. 4 Elie et Moïse leur apparurent, s'entretenant avec Jésus. »

Luc9 : 28-31 « ***Environ huit jours après qu'il eut dit ces paroles, Jésus prit avec lui Pierre, Jean et Jacques, et il monta sur la montagne pour prier. 29 Pendant qu'il priait, l'aspect de son visage changea, et son vêtement devint d'une éclatante blancheur. 30 Et voici, deux hommes s'entretenaient avec lui : c'étaient Moïse et Elie, 31 qui, apparaissant dans la gloire, parlaient de son départ qu'il allait accomplir à Jérusalem***. »

Moise est celui qui vint avec la loi, car l'écriture dit que « la loi est venu avec moise » et cette loi personne ne pouvait l'accomplir, seul Jésus l'a accompli et ce pourquoi moise apparut a la montagne s'entretenant avec christ sur son départ qu'il devait accomplir à Jérusalem ; et ainsi pour dire : la loi c'est toi qui me l'a donnée et tous avons été incapable de la respecter et de l'accomplir. Par la suite, était aussi Elie, qui pour sa part symbolise le prophète, ainsi tous sont apparu ce jour-là pour signifier et dire à Christ que personne dans le ciel et sur la terre sous la terre n'a été trouvé digne de prendre le livre, d'ouvrir le livre ni de le regarder et d'en ouvrir les sceaux, seul lui le Seigneur est de digne et peut accomplir toutes choses Càd la loi et les prophètes.

IV. LE SANG VERSE DE LA TETE COURONNEE D'EPINES

La quatrième fois que Christ a eu à asperger son sang ou verser son sang c est fut lorsqu'on lui enfonçait la couronne d'épines sur le crane.

Mathieu 27:***29* « *Ils tressèrent une couronne d'épines, qu'ils posèrent sur sa tête,* »**.

Jean 19 :2 « ***Les soldats tressèrent une couronne d'épines qu'ils posèrent sur sa tête,*** »

Les épines utilisées pour tresser la couronne étaient très pointues et aigues, elle pouvait pénétrer jusque dans les veines. Or sachant que la tête est la partie du corps humain, ayant une forte concentration des veines et ce qui fait que les épines piquaient et provoquaient le jaillissement du sang ,et le sang coulait de sa tête, ce Sang précieux qui parle mieux que le sang d'Abel.

De quoi nous parle ce sang versé de la tête couronnée d'épine ?quel est donc le témoignage ?

A. Premièrement les épines

Toujours est-il que dans l'histoire du Jardin, la première fois que les épines ont été mentionnées dans la bible, c'était après que le premier homme ait désobéi et ait mangé le fruit de l'arbre défendu par Dieu ; Et l'Eternel Dieu dit à l'homme

Genèse 3: 17-18 « *Puisque tu as écouté la voix de ta femme, et que tu as mangé de l'arbre au sujet duquel je t'avais donné cet ordre : Tu n'en mangeras point ! Le sol sera maudit à cause de toi. C'est à force de peine que tu en tireras ta nourriture tous les jours de ta vie, 18* ***il te produira des Épines et des ronces****, et tu mangeras de l'herbe des champs. C'est à la Sueur de ton visage que tu mangeras du pain,*».

Les épines sont les symboles :

- ✓ de la malédiction de pauvretés :
- ✓ de méchants et de leur a méchanceté
- ✓ le Symbole de souci du monde, la haine, et la jalousie

1) Epines symbole de malédiction de pauvreté

Après que l'homme ait mangé de l'arbre que Dieu lui avait interdit, L'Eternel Dieu prononça une sentence : il maudit le sol, et le sol se tourna contre l'homme et s'opposa à l'homme. Et à cause de sa désobéissance et du péché commis ; l'assujettissement de la terre par l'homme devient une tache dure et laborieuse. Ainsi le sol maudit commença à produire pour l'homme les EPINES au lieu des FRUITS. Or avant qu'Adam et Eve tombent la terre où le sol produisait de la verdure, la semence, les arbres fruitiers avec leurs fruits portant à l'intérieur d'eux de semence et tout ceci constituaient le produit de la terre ou du sol béni par Dieu.

« Puis Dieu dit : Que la terre produise de la verdure, de l'herbe portant de la semence, des arbres fruitiers donnant du fruit selon leur espèce et ayant en eux leur semence sur la terre. Et cela fut ainsi. 12 La terre produisit de la verdure, de l'herbe portant de la semence selon son espèce, et des arbres donnant du fruit et ayant en eux leur semence selon leur espèce. Dieu vit que cela était bon. » Genèse 1 :11-12

Alors après la chute d'Adam, Dieu maudit le sol, il commence produire les épines. Les épines ne sont pas le fruit, la semence ni mêmes la verdure.

- Le fruit est la représentation de ce que l'homme consomme.
- la semence est ce qui contient le programme de reproduction et permet la continuité de l'espèce.
- la verdure pour sa part c'est le vert pâturage qui est la nourriture propice des brebis. Cependant les épines symbolisent la malédiction. Et la malédiction peut être comprise comme étant de mauvaise paroles ou discours prononcées sur une personne, un peuple, une nation, et cela ayant pour but influencer ce dernier d'une manière négative.

La malédiction est le contraire de la bénédiction, car la bénédiction est une bonne parole qui rend l'homme productif et fécond, capable de se multiplier et assujettir, dominer, la bénédiction enrichit et ne se fait suivre d'aucun chagrin. C'est à dire la malédiction quant à elle appauvrit et se fait suivre de beaucoup de chagrin. **Ainsi les épines sont les symboles de malédiction qui appauvrit**

« ***Mais ils tressèrent une couronne d'épines, qu'ils posèrent sur la tête de Christ l'agneau expiatoire»*** en le faisant porter cette couronne d'épines ils ne savaient pas que c'était un signe et acte prophétique, et qu'ils étaient en train de poser dans toute incrédulité. Cela voulait prophétiquement signifier qu'ils 'ôtaient et enlevaient toutes les malédictions de pauvreté symbolisée par les « Epines », et ils le faisaient endosser à notre Seigneur pour que nous ne soyons plus pauvre mais que nous recevions sa bénédiction qui rend Riche.

2 Corinthiens 8:**9** " ***Car nous connaissons la grâce de notre Seigneur Jésus-Christ : lui qui était riche, il s'est fait pauvre à cause de nous, pour que, nous, par sa pauvreté, nous devenions riches*** "

Galates 3:13" ***Christ nous a rachetés de la malédiction de la Loi, étant devenu malédiction pour nous-car il est écrit : Maudit est quiconque est pendu au bois,*** "

Christ a porté la couronne d'épines qui est la malédiction de pauvreté pour nous transférer sa bénédiction qui nous rend riche.

" ***C'est la bénédiction de l'Eternel qui enrichit, Et il ne la fait suivre d'aucun chagrin.*** " Proverbes 10:22

2) Epines symbole de méchants et de leurs méchancetés

2 Samuel 23:6 " *Mais les méchants sont tous comme des épines que l'on rejette, Et que l'on ne prend pas avec la main*" ;

Le verset ci-haut démontre bien que Les épines symboliseraient donc aussi des méchants et leurs méchancetés. Les méchants sont exactement comme des épines, qui piquent. Et les méchants sont ceux qui nous veulent du mal et qui nous font de la peine, les méchants sont des personnes aux vertus malsaines et malveillantes.

Les méchants sont l'image du diable, ses démons qui sont des esprits méchant ou mauvais esprit, et ses agents et leurs œuvres maléfiques (la haine, la jalousie, les critiques les maladies les combats, les mauvais complots et projets).

"***Le méchant complote | pour faire du tort au juste, il grince des dents | contre lui.*** "Psaumes 37:12 BDS

Le méchant forme des projets contre le juste, Et il grince des dents contre lui. Psaumes 37:12 LSG

Le roi David distingue deux types de méchants dans les psaumes, il ya les PERSECUTEURS (ADVERSAIRE dans d'autres versions) et les ENNEMIES.
La version Louis second dit :
Psaumes 27 :2 « ***Quand des méchants s'avancent contre moi, Pour dévorer ma chair, Ce sont mes persécuteurs et mes ennemis Qui chancellent et tombent.*** »
La version Darby dit :
Psaumes 27 :2 « ***Quand les méchants, mes adversaires et mes ennemis, se sont approchés de moi pour dévorer ma chair, ils ont bronché et sont tombés***. ».

a. **Un persécuteur ou adversaire**

Un persécuteur ou adversaire est un méchant qui ne se cache pas, qui s'oppose violement à nous et dont l'intention destructrice et la position nuisible et hostile n'est pas voilée ni cachée

Et le Diable et sa postérité (ses anges déchu, démons ses serviteur) sont de méchant adversaire numéro un des enfants de Dieu, et quand ils opèrent comme adversaire et persécuteur il prend la forme d'un LION RUGISSANT ou d'un 'OURSE pour venir attaquer et voler la brebis dans la bergerie.
Le roi David disait que lorsque le lion et l'ourse venaient pour prendre la brebis il dit il courait après eux et arrachait la brebis de la gueule du lion et du l'ourse et il les déchirait.
Dans la bible le lion rugissant et L'ourse représentent le Diable comme méchant adversaire et persécuteur.

Proverbes 28:15"*Comme un **lion rugissant** et un **ours affamé**, Ainsi est le méchant qui domine sur un peuple pauvre* "

1 Pierre 5:8 "*Soyez sobres, veillez. Votre **adversaire**, le diable, rôde comme un **lion rugissant**, cherchant qui il dévorera.* "

Et le juge Samson fut aussi attaqué par un lion rugissant mais qui après Samson le déchira

Juges 14:***5Lorsqu'ils arrivèrent aux vignes de Thimna, voici, un jeune lion rugissant vint à sa rencontre. 6 L'esprit de l'Eternel saisit Samson ; et, sans avoir rien à la main, Samson déchira le lion comme on déchire un chevreau***.

Ainsi donc lorsque la bible mentionne le nom « Lion rugissant » c'est qu'il s'agit du DIABLE, ou de SATAN. Mais lorsque la bible mentionne le nom « Lion de la tribu de Juda » c'est qu'il s'agit du CHRIST, LE MESSIE.

a. <u>Un ennemi</u>

Un ennemi est un méchant ayant des particularités assez divergente comparativement à un adversaire ; car lui (ennemi) reste caché, mais s'oppose aussi violement à nous. Mais Pourtant son intention destructrice, sa position nuisible et hostile demeure toujours voilée ou cachée.
L'ennemi est très dangereux par rapport à un adversaire parce qu'il ne se dévoile pas et demeure cacher, pour que nous ne prenions pas connaissance de sa position hostile et ses intentions destructrices, tout cela par la méthode ou la technique de déguisement.

2 Corinthiens 11:14 « *Et cela n'est pas étonnant, puisque Satan lui-même se déguise en ange de lumière.* »

Satan, quand il opère comme ennemi, il se déguise en ange de lumière pour que ses intentions, ses desseins et sa position soit voilé et caché ; sans omettre qu'il est un ange de ténèbres. Il se camoufle pour qu'on demeure ignorant de ses ruses, de ses desseins destructeurs et nuisible afin d'œuvrer calmement.

Il est important de savoir que si Satan peut se déguiser en ange de lumière, cela induit automatiquement l'évidence selon laquelle sa postérité a aussi la capacité de prendre l'apparence d'anges de lumière, serviteur de lumière, frères et sœurs de lumière, prophètes de lumière, apôtres de lumière etc. se faisant passer pour Vrai cependant ce sont des Faux.

2 Corinthiens 11:13 « ***Ces hommes-là sont de faux apôtres, des ouvriers trompeurs, déguisés en apôtres de Christ.*** »

Le but du déguisement en ange de lumière est de pénétrer parmi les vrais qui sont les enfants de Dieu et cela par le moyen d'infiltration, pour ainsi bien les détruire. Et ceci est démontré dans la parabole de blé et de l'ivraie

Mathieu 13 : ***24 Il leur proposa une autre parabole, et il dit : Le royaume des cieux est semblable à un homme qui a semé une bonne semence dans son champ. 25 Mais, pendant que les gens dormaient, <u>son ennemi</u> vint, sema de l'ivraie parmi le blé, et s'en alla. 26 Lorsque l'herbe eut poussé et donné du fruit,*** *l'ivraie parut aussi. 27 Les serviteurs du maître de la maison vinrent lui dire : Seigneur, n'as-tu pas semé une bonne semence dans ton champ ? D'où vient donc qu'il y a de l'ivraie ? 28 Il leur répondit :* ***<u>C'est un ennemi</u>*** *qui a fait cela. Et les serviteurs lui dirent : Veux-tu que nous allions l'arracher ? 29 Non, dit-il, de peur qu'en arrachant l'ivraie, vous ne déraciniez en même temps le blé. 30 Laissez croître ensemble l'un et l'autre jusqu'à la moisson, et, à l'époque de la moisson, je dirai aux moissonneurs: Arrachez d'abord l'ivraie, et liez-la en gerbes pour la brûler, mais amassez le blé dans mon grenier.*

Mathieu 13 :38 *Alors il renvoya la foule, et entra dans la maison. Ses disciples s'approchèrent de lui, et dirent: Explique-nous la parabole de l'ivraie du champ. 37 Il répondit : Celui qui sème la bonne semence, c'est le Fils de l'homme ; 38 le champ, c'est le monde ; la bonne semence, ce sont les fils du royaume ; l'ivraie, ce sont les fils du malin ; 39 l'ennemi qui l'a semée, c'est le diable ; la moisson, c'est la fin du monde ; les moissonneurs, ce sont les anges.*

Dans cette parabole, le seigneur donne l'explication de la représentation de l'ennemi qui sème l'ivraie comme étant le diable et L'ivraie comme les fils du malin tandis que le blé comme le fils du royaume ; et l'ivraie et le blé se ressemblent mais ils se démarquent quant à la production de fruits. Ainsi Satan et sa postérité se déguisent en vrais cependant sont de faux et sont reconnu par leurs œuvres.

Matthieu 7:15 ***Gardez-vous des faux prophètes. Ils viennent à vous en vêtements de brebis, mais au dedans ce sont des loups ravisseurs***.

Et le <u>loup ravisseur</u> représente le diable et sa postérité comme ennemi,

Ils viennent en vêtement de brebis pour s'infiltrer parmi les vrais, pour entrer dans la bergerie, commencer à prendre, détruire et voler les brebis, cependant au-dedans ce sont de Loups ravisseurs. Souvent ce sont de faux frères, de faux prophètes, de faux apôtres etc. qui sont dans des églises, qui s'infiltrent dans de départements et qui se font passer à de vrais serviteurs pour causer de dégât, de confusion, catastrophe, de blocages, des embrouillements.

Mais Christ a porté la couronne d'épines Càd couronne des méchancetés de méchants adversaires et ennemis pour que nous ne soyons pas victimes de leurs œuvres méchantes, Càd il se chargeait aussi des tous les méchants qui cherchent à nous faire du mal afin que la victoire nous appartienne.
Esaïe 27:4 Il n'y a point en moi de colère ; Mais si je trouve à combattre des ronces et des épines, Je marcherai contre elles, je les consumerai toutes ensemble,

 La première de choses que le méchant ennemi fait pour bien accomplir sa mission, il aveugle ou il peut voiler pour que la personne ne se rende pas compte, de la manière dont il agit ou opère.
*Mais si vous ne chassez pas devant vous les habitants du pays, ceux d'entre eux que vous laisserez seront comme **des épines dans vos yeux** et des aiguillons dans vos côtés, ils seront vos ennemis dans le pays*
Nombres 33:*55*

Dans ce verset, Dieu donne l'ordre à moise de chasser tous les habitants qui occupaient Canaan ca d les fils d'Anak, tous ce géants qui habitaient la terre promise et de veiller de ne pas laisser même un seul habitant sinon il serait pour eux comme des épines dans leurs yeux c ad ce qui crèvent leurs yeux afin de le conduire à un cruel aveuglement.
Les épines représentent des choses qui nous aveuglent, qui mettent de voile sur nos visage et qui nous empêchent à voir. Ainsi le diable aveugle ou met de voile sur les enfants de Dieu pour bien le détruire.

Jean 12:40 *Il a aveuglé leurs yeux ; et il a endurci leur cœur, De peur qu'ils ne voient des yeux, Qu'ils ne comprennent du cœur, Qu'ils ne se convertissent, et que je ne les guérisse.*

2 Corinthiens 4:4 *pour les incrédules dont le dieu de ce siècle a aveuglé l'intelligence, afin qu'ils ne vissent pas briller la splendeur de l'Evangile de la gloire de Christ, qui est l'image de Dieu.*

Mais Christ en portant la couronne d'épines c'ad il a porté sur lui tous ce qui amenaient l'aveuglement dans notre vie et ce qui nous empêchaient à voir afin que nous soyons plus aveuglé par le Diable et marcher plus dans les ténèbres

3) Les épines le Symbole de souci du monde, la haine, et la jalousie

Marc 4:7 « *Une autre partie tomba parmi les épines : les épines montèrent, et l'étouffèrent, et elle ne donna point de fruit.* ».

Marc 4:19« ***18 D'autres reçoivent la semence parmi les épines ; ce sont ceux qui entendent la parole, mais en qui les soucis du siècle, la séduction des richesses et l'invasion des autres convoitises, étouffent la parole, et la rendent infructueuse.***

Dans ce verset, les épines sont l'image de choses qui étouffent notre croissance et qui nous rendent improductifs afin que nous ne soyons pas capables de donner ou produire de fruit.

Les épines représentent les soucis du siècle, la séduction, la haine, la jalousie, les invasions des autres convoitises étouffant la parole de Dieu qui est la semence dans nos cœurs à produire des résultats dans nôtres vies

!!! Mais christ a porté la couronne d'épines ca d il s'est chargé de tous nos fardeaux, nos souci du siècle, la haine, la jalousie qui étouffaient notre croissance, prospérité et notre productivité afin que nous qui croyons en lui expérimentons la croissance, la prospérité et la productivité à tous égards.

B. <u>La couronne</u>

L'homme avant la magnificence chute, quand il fut créé par Dieu, il était couronné de gloire et de, tout était parfait autour de lui à cause de l'image et la ressemblance de Dieu qu'il avait. Le premier homme marchait et vivrait dans la gloire et dans l'honneur.

Psaumes 8 :5-7 ***Tu l'as fait de peu inférieur à Dieu, <u>Et tu l'as couronné de gloire et de magnificence.</u> 6 (8-7) Tu lui as donné la domination sur les œuvres de tes mains, Tu as tout mis sous ses pieds,***

« Il m'a dépouillé de ma gloire, Il a enlevé la couronne de ma tête. » Job 19:9

Job le confirme en disant qu'il avait une couronne mais qui lui a été enlevée. Ainsi donc l'homme avait une couronne de gloire.

Mais après qu'Adam aïet mangé à l'arbre défendu par Dieu c ad il désobéit à l'instruction de Dieu, L'homme a perdu sa position d'honneur ; il est déchu, il a perdu sa couronne de gloire et de privilège et en retour a reçu une couronne d'épines qui symbolise : couronne de malheur, d'humiliation, de rabaissement, couronne de déshonore.

⇒ Christ Jésus a porté la couronne d'épines, pour que toute couronne de malédiction, de déshonore, d'humiliation, de rabaissement que nous portons sur nos têtes de façon inconsciente ou consciente soit ôtée.

V. LE SANG VERSE DE SES MAINS CLOUEES

Jean 20 :20 « ***Tout en disant cela, il leur montra ses mains et son côté. Les disciples furent remplis de joie parce qu'ils voyaient le Seigneur.*** »

Jean 20 :25 « ***Les autres disciples lui dirent : - Nous avons vu le Seigneur ! Mais il leur répondit : - <u>Si je ne vois pas la marque des clous dans ses mains,</u> si je ne mets pas mon doigt à la place des clous, et si je ne mets pas la main dans son côté, je ne croirai pas*** ».

Lorsque Pilate leur livra le seigneur pour qu'il soit crucifié, les mains du Seigneur furent cloué à la croix, ainsi ses mains étaient percé et troué par des clous qui laissant de marques, traces et des empreintes de blessure par les quelles le sang jaillissaient et coulaient. Ainsi le Seigneur par ses mains percées a aspergé, versé son sang précieux qui parle mieux que le sang d'Abel

⟹De quoi nous parle- t-il donc ce sang versé de ses mains percées de clous?

A. <u>Les mains</u>

Les mains bibliquement symbolisent l'activité humaine; œuvre, le service. Ce sont les mains qui travaillent et rendent l'homme productif. 90 pourcent de toutes les activités de l'homme sont exécutées par les mains. ce qu'on appelle souvent les œuvres de nos main.

Lorsque l'éternel Dieu créa le premier homme à Son image et selon Sa ressemblance, il le créa de manière à ce que la vie de ce dernier soit fructueuse et productive.

Adam avant sa chute était féconde, tous ce qu'il faisait se multiplier. Ses activités prospéraient tant qu'il opérait dans le jardin d'Eden, c'est-à-dire à partir de la présence même de Dieu.

Adam fut placé dans le jardin pour cultiver et garder le jardin ; cultiver le jardin impliquait l'action de la main. Les mains furent données pour la productivité ; la main est l'expression biblique du rendement humain.

Lorsqu'Adam et Eve ont touché à l'interdit et ont désobéi aux ordres de Dieu, Dieu prononce de sentences, entre autres le sol sera maudit et c'est avec beaucoup de peine tu en tireras ta nourriture, tout au long de ta vie. Il te produira des épines et des chardons. Et tu mangeras des produits du sol.

Ces paroles de malédictions prononcées sur Adam ont rendu sa vie pénible, une vie de misère. Les œuvres de mains devient maudites par conséquent tout ce que ses mains toucher et entreprendre était maudit à cause du sol maudit. Et la malédiction ne rend jamais prospère, mais elle appauvrit et elle se fait suivre de beaucoup de chagrin.

Ainsi les mains qui devaient être l'instrument de prospérité mais elles sont devenues un instrument de destructions à cause de la malédiction.
« Il lui donna le nom de Noé, en disant: Celui-ci nous consolera de nos fatigues et du travail pénible de nos mains, provenant de cette terre que l'Eternel a maudite. » *Genèse 5:29*

La malédiction qui est liée aux œuvres de mains rend tout le travail de l'homme pénibles et fatiguant.

Les mains ont plusieurs significations dans différents contextes de la bible.

« Béni soit le Dieu Très-Haut, qui a livré tes ennemis entre tes mains! Et Abram lui donna la dîme de tout.» Genèse 14:20.

- ✓ Et dans ce contexte, ***livrer les ennemies entre les mains*** veut dire ***« avoir la victoire, donner la victoire »***

Dans la version Semeur il est dit *« béni soit le Dieu très-haut qui **t'a donné la victoire** sur tes ennemis ! Et Abram lui donna le dixième de tout le butin. »*

« Que ma prière soit devant ta face comme l'encens, Et ***l'élévation de mes mains*** *comme l'offrande du soir! »*Psaumes 141:2

« Je veux donc que les hommes prient en tout lieu, en élevant des mains pures, sans colère ni mauvaises pensées. » *1* Timothée2:8

- ✓ Dans ces versets ci-haut les mains élevées sont les symboles des instruments de Prière.

Ainsi les mains de Christ étaient percées par de clous, afin que de ce sang qui a coulé des mains percées, nous puissions avoir la victoire sur nos ennemis et que tous nos ennemis soient livrés entre nos mais

« Et Dieu faisait des miracles extraordinaires par **les mains** *de Paul »* Actes 19:11

- ✓ Dans ce verset les mains sont aussi l'instrument d'opération de miracle

Ainsi qu'après la chute de l'homme, le sol fut maudit et l'activité de l'homme devint pénible, fatigante et stressante
Ses mains devinrent des instruments pour promouvoir le mal au lieu de promouvoir le bien.
Les mains de l'homme qui étaient supposées être des instruments de prière, de bénédiction et d'assujettissement de la terre devinrent des instruments de destruction et d'asservissement de son prochain.

Mais Christ a versé son sang précieux de ses mains clouées pour nous racheter et délivrer de toute les malédictions liées, attachées aux œuvres de nos mains afin que tous ce que nos mains toucherons puissent prospère, afin que tous ce que nous entreprenions puissent réussir, a fin que l'élévation de nos mains soit une offrande du soir et afin que nos mains devenue des instruments de destruction et d'asservissement redeviennent les instruments de bénédiction et de prospérité.

VI. LE SANG VERSE DE PIEDS CLOUES

« *Voyez mes mains et mes pieds, c'est bien moi ; touchez-moi et voyez : un esprit n'a ni chair ni os, comme vous voyez que j'ai. Et en disant cela, il leur montra ses mains et ses pieds.* » Luc 24:39-40

Dans Ce verset, le Seigneur montrait aux disciples ses mains et ses pieds qui ont été transpercé des clous afin qu'ils croient que c'était bien lui. Au travers de ce verset nous pouvons voir que les pieds de Jésus furent aussi transpercés de clous et de ces blessures, le sang précieux qui parle mieux que le sang d'Abel a jailli.
De quoi nous parle- t-il donc ce sang versé de ses pieds percées de clous?

Les Pieds

Les pieds bibliquement sont significatifs, symbolisent tant de choses dans les écritures.

- Les pieds sont un symbole de l'appui de l'homme, c'est ce qui supporte toute la structure physique du corps humain.
- Les Pieds sont un symbole de la marche et de déplacement de l'homme, c'est avec les pieds que l'homme se déplace et marche pour aller et arriver où il désire.
- Les pieds sont un symbole de la domination, de l'autorité, dans le livre Psaumes 8 :6 il est dit : « ***Tu lui as donné la domination sur les œuvres de tes mains, Tu as tout mis sous ses pieds*** »

  Psaumes 18:38***L'ennemi de nos âmes est tombé à jamais sous nos pieds : « Je les brise, et ils ne peuvent se relever; Ils tombent sous mes pieds. »***

  On exerce le pouvoir, l'autorité qu'avec les pieds, il est dit dans les écritures : « Voici, je vous ai donné le pouvoir de marcher sur les serpents et les scorpions, et sur toute la puissance de l'ennemi; et rien ne pourra vous nuire »

- Les pieds sont un symbole de ce qu'on utilise pour prendre possession, Deutéronome 11:24 ***Tous lieux que foulera la plante de votre pied sera à vous.***
  Josué 1:3 Tous lieux que foulera la plante de votre pied, je vous le donne, comme je l'ai dit à Moïse.
  Dieu a donné à l'homme les pieds afin que tout lieu foulera ces derniers lui soit donné en possession.

Et au commencement le premier homme avant sa chute, était un homme stable, dominateur, tout était mis sous ses pieds, il marche avec autorité, il possédait tout ce que la plante de ses pieds foulait. Mais quand il a péché tout a changé, à cause de la désobéissance qui a attiré la malédiction sur ce dernier, ainsi tout l'appui de l'homme devient maudit et le talon de l'homme devient sujet de blessures de morsures du Serpent.
Et l'homme au talon mordu devient instable, la morsure amène l'homme à s'écrouler ou encore à boiter, par conséquent la vitesse avec laquelle l'homme devait marcher, courir, accomplir les choses et faire du progrès fut paralysée par le venin mortel du serpent. Sa marche, l'exercice du pouvoir et l'autorité fut paralysée.

Mais à la Croix le Seigneur Jésus Christ a laissé ses pieds être cloué, transpercé et versait son sang précieux afin que nos pieds ne soient plus jamais maudit. Le sang a coulé de ses pieds transpercés Pour que la domination soit restaurée à l'homme et que tous nous soient mis sous nos pieds. Il a versé son sang de ses pieds cloué afin que tout lieu foulera la plante de nos pieds nous soit donné en possession, afin que nos ennemis et adversaires soient désormais nos marchepied. Le Seigneur a fait couler son sang de ses pieds afin de nous donner le zèle de l'évangile et nous élever à une position de domination

Les pieds ensanglantés de Jésus-Christ nous accorde la victoire et le triomphe

PRIERES ET DÉCLARATIONS PROPHETIQUES

- *Par la puissance du sang de Jésus Christ versé au travers de ses pieds transpercés je proclame que tous ennemis de nos âmes sont tombés sous nos pieds*
- *Par la puissance du sang de Jésus christ versé de ses pieds cloué qui parles mieux je confesse que tous lieux foulera la plante de mes pieds me sera donné en possession.*
- *Au travers le sang qui a coulé par ses pieds que tous mes ennemis et mes adversaires soient mes marchepieds au nom de Jésus Christ.*
- *Par la puissance du sang de jésus christ je proclame et déclare que toute instabilité dans tous les domaines de ma vie s'arrête.*

VII. LE SANG VERSE DU COTE PERCE

«Mais un des soldats lui perça le côté avec une lance, et aussitôt il sortit du sang et de l'eau.» Jean 19:34

Lorsque le Seigneur était à la Croix, les soldats s approchèrent de Jésus pour lui rompre les Jambes, ils constateraient qu'il était déjà mort et ils ne lui brisèrent pas les jambes, l'un de soldats lui enfonça sa lance dans le coté et aussitôt il en sortit du Sang et de l'eau. Ainsi le Seigneur par ses cotes percées a aspergé, versé son sang précieux qui parle mieux que le sang d'Abel

⇨De quoi nous parle ce sang versé de se coté percé ?quel est donc le témoignage ?

1. **GUERISON INTERIEUR DE BLESSURES INTERIEURE**

«Mais il était blessé pour nos péchés, Brisé pour nos iniquités ; Le châtiment qui nous donne la paix est tombé sur lui, Et c'est par ses meurtrissures que nous sommes guéris.» Esaïe 53:5

Le texte ci-haut nous montre bien que le seigneur Jésus -Christ était blessé, qui veut dire il avait de blessures, lorsque le soldat lui perça le côté avec une lance, celle-ci pénétra, causa de blessures intérieures et plaies. Et le sang jaillissait de ces blessures, un sang de rédemption.

Et le sang qui a coulé témoigne en disant que, Le Fils de Dieu a souffert et a connu de blessures intérieures, trahi, abandonné, méprisé, en prenant notre place, afin que toute personne qui a de blessures intérieure et toute âme meurtrie soit guérie par son qui a coulé de son côté.

Psaumes 147 : 17 ***«Il guérit ceux qui ont le cœur brisé et il pense leur blessures.»***

2. LA FORMATION ET LA NAISSANCE DE L'EGLISE COMME EPOUSE

Dans le livre de genèse, lorsque Dieu créa le premier Homme et tout autre chose, Dieu vit qu'il n'était pas bon que l'homme soit seul, l'Eternel décida de lui faire une aide semblable.

L'Eternel Dieu fit tomber le premier homme, le premier Adam dans un sommeil très profond, et ce dernier s endormit, il prit une de ses côtes et forma une femme de la côte qu'il avait prise de l'homme. Ainsi Dieu avait ouvert le côté d'Adam pour lui produire une épouse et Eve fut tirée de la côte d'Adam.

Ainsi Christ Jésus, le dernier Adam, devait aussi avoir une épouse de la même manière le premier Adam a eu son aide semblable, Dieu le fait passer par la croix et le seigneur poussa un grand cri, rendu son esprit à Dieu qui veut dire il meurt à la croix. Les soldats s approchèrent de Jésus pour lui rompre les Jambes, ils constateraient qu'il était déjà mort et ils ne lui brisèrent pas les jambes, l'un de soldats lui enfonça sa lance dans le côté et l'eau et le sang sortirent de se côtes percées.

Ainsi par ce simple acte, Dieu forma aussi pour le DERNIER ADAM une femme, une épouse appelée EGLISE lorsqu'on lui enfonça la lance dans le côté de la même manière qu'il forma Eve pour le* PREMIER ADAM. *Donc l'église est tirée de la cote de Christ, le Dernier Adam.

Et nous voyons l'eau et le sang qui jaillissait de ses côtes sont exactement des signes indicateurs d'un accouchement ou d'une naissance, car tout accouchement est toujours précédé par L'eau et le sang

Ainsi le sang et l'eau qui a coulé de côtes de Jésus Christ est aussi le signe annonciateur et indicateur de la naissance et formation de l'église.

Dieu touche les côtes d'Adam et forme Eve après qu'il fit tomber sur Adam un très profond sommeil, et de même Christ fut percé dans le côté après qu'il soit mort, or la mort bibliquement veut dire le sommeil, lorsque Lazare était mort Christ dit qu'il s'était d endormi c ad dans un très profond sommeil

Le premier Adam a eu sa femme, son épouse lorsqu'il était dans un profond sommeil et Christ a eu aussi son épouse lorsqu'il était mort ca d dans un très profond sommeil.

VIII. CE QUE LE SANG EST ET FAIT

a. Une arme offensive :

Dans livre d'exode, lorsque Pharaon, son cœur était endurci et qu'il ne voulait plus laisser les enfants d'Israël aller servir Dieu, et la ou les dix plaies étaient incapable et n'arrivaient plus à convaincre et pousser pharaon à laisser le peuple de Dieu, l'Eternel a utilisé la dernier cartouche, la plus grande arme, le SANG de L'AGNEAU que chaque hébreux devait immoler pour frapper Pharaon, son premier née et tous les premiers nées des égyptiens à laisser les enfants d'Israël.

Ainsi donc le sang est une arme offensive puissante pour vaincre et détruire, démolir, renverser les puissances, les résistances et forces maléfiques.

Dans le livre d'apocalypse 12 :7 -9, 11

Il est dit qu'il eut guerre ou bataille dans le ciel, Michel et ses anges combattirent contre le dragon, l'ancien serpent et celui-ci les combattirent avec ses anges c ad les démons, mais le dragon ne remporta pas la victoire et lui et ses anges déchus ne purent maintenir leur position au ciel.et le grand dragon, le serpent ancien appelé diable, Satan fut précipité avec ses anges ca d ils ont été vaincu. Et les écritures continuent en disant dans le verse 11, qu'ils (ca d Michel et ses anges) l'ont vaincu à cause du sang de l'Agneau.

Cela veut dire que, Michel et ses anges combattaient contre le dragon tout en ayant une arme dans leurs mains qui était LE SANG DE L'AGNEAU avec laquelle qu'ils ont pu remporter la victoire sur le dragon et ses anges.

Exode 7 :20-21

« Moise et Aaron firent ce que l'Eternel avait ordonné. Aaron leva la verge et frappa de les eaux qui étaient dans le fleuve, sous le yeux de Pharaon et sous les yeux de ses serviteurs, et toutes les eaux du fleuve furent changées en SANG. Les poissons qui étaient dans le fleuve périrent...»

Dans ce verset, Moise et Aaron levèrent la verge et frappèrent les eaux du fleuve et qui devinrent du Sang et spirituellement les eaux ici il s'agit du Monde des Eaux un royaume marin, le Fleuve pour l'Egypte est une Divinité, c'est un dieu. Ainsi moise en frappent ces eaux qui se changèrent en sang et que tous poissons (esprits des eaux, le Cyrène) étaient mort par la présence du sang

- ✓ Le sang est une arme puissante contre le monde des eaux et tous ceux qui y demeurent.

b. Une arme défensive

Toujours est- il que, dans l'histoire de la libération des enfants d'Israël de la servitude Pharaonique, Dieu donna l'ordre aux enfants, après qu'ils auraient fini de manger, et dit

Exode 12 :22-24

Vous prendrez un bouquet d'hysope, vous le tremper dans le sang qui sera dans le bassin et vous toucherez le linteau et les poteaux de la porte avec le sang qui sera dans le bassin. Quand l'Eternel passera pour frapper les égyptiens et verra le sang sur le linteau et sur e deux poteaux, l'Eternel passera par-dessus la porte et il ne permettra pas au destructeur d'entrer dans vos maisons pour frapper.

Nous voyons dans ce texte comment le sang est une arme de de protection contre les destructions, le sang nous protège contre la sorcellerie, envoutement, enchantement etc.

c. Le sang donne la vie

Jésus leur dit : En vérité, en vérité, je vous le dis si vous ne mangez la chair du Fils de l'homme, et si vous ne buvez son sang, vous n'avez point la vie en vous-mêmes (Jean6 :56)

d. Le sang de Jésus nous permet de demeurer en Christ

Celui qui mange ma chair et qui boit mon sang demeure en moi, et je demeure en lui. (Jean 6:56).

e. Le sang de Jésus est le moyen par lequel Jésus a racheté l'Eglise.

Prenez donc garde à vous-mêmes, et à tout le troupeau sur lequel le Saint-Esprit vous a établis évêques, pour paître l'Eglise du Seigneur, qu'il s'est acquise par son propre sang. (Actes 20 :28)

f. Le sang de Jésus nous rapproche de Dieu

Mais maintenant, en Jésus-Christ, vous qui étiez jadis éloignés, vous avez été rapprochés par le sang de Christ. (Ephésiens 2:13).

g. Le sang de Jésus nous donne la paix et nous réconcilie avec Dieu.

Il a voulu par lui réconcilier tout avec lui-même, tant ce qui est sur la terre que ce qui est dans les cieux, en faisant la paix par lui, par le sang de sa croix. (Colossiens 1:20).

h. Le sang est le moyen par lequel nous accès au lieu très saint

Ainsi donc, frères, puisque nous avons, au moyen du sang de Jésus, une libre entrée dans le sanctuaire par la route nouvelle et vivante qu'il a inaugurée pour nous au travers du voile, c'est-à-dire, de sa chair, et puisque nous avons un souverain sacrificateur établi sur la maison de Dieu, approchons-nous avec un cœur sincère, dans la plénitude de la foi, les cœurs purifiés d'une mauvaise conscience, et le corps lavé d'une eau pure. (Hébreux 10 :19-22)

i. Le sang de Jésus plaide en notre faveur dans le ciel, devant le trône de Dieu.

Au contraire, vous vous êtes approchés du mont Sion, de la cité du Dieu vivant, la Jérusalem céleste, et ses dizaines de milliers d'anges en fête, de l'assemblée des premiers-nés inscrits dans le ciel. Vous vous êtes approchés de Dieu qui est le juge de tous, des esprits des justes parvenus à la perfection, de Jésus, qui est le médiateur d'une alliance nouvelle, et du sang purificateur porteur d'un meilleur message que celui d'Abel. (Hébreux 12 :22-24)

j. Le sang de Jésus nous sanctifie.

C'est pour cela que Jésus aussi, afin de sanctifier le peuple par son propre sang, a souffert hors de la porte. (Hébreux 13:12)

k. Le sang de Jésus nous rend capables de toute bonne œuvre.

Que le Dieu de paix, qui a ramené d'entre les morts le grand pasteur des brebis, par le sang d'une alliance éternelle, notre Seigneur Jésus, vous rende capables de toute bonne œuvre pour l'accomplissement de sa volonté, et fasse en vous ce qui lui est agréable, par Jésus-Christ, auquel soit la gloire aux siècles des siècles ! Amen ! (Hébreux 13: 20-21).

l. Le sang de Jésus nous purifie de tout péché.

Mais si nous marchons dans la lumière, comme il est lui-même dans la lumière, nous sommes mutuellement en communion, et le sang de Jésus son Fils nous purifie de tout péché. (1 Jean 1: 7).

m. Le sang de Jésus nous délivre de nos péchés.

[...] A celui qui nous aime, qui nous a délivrés de nos péchés par son sang, 6 et qui a fait de nous un royaume, des sacrificateurs pour Dieu son Père, à lui soient la gloire et la puissance, aux siècles des siècles ! Amen ! (Apocalypse 1 :5-6)

.

Printed by Books on Demand GmbH, Norderstedt / Germany